日本の遺跡 9

伊勢斎宮跡

泉　雄二　著

同成社

上空から見た斎宮跡（オレンジ枠は史跡指定範囲、黄色枠は斎宮寮、紫線は斎宮寮成立以前の古道を示す）

発掘時の神殿区画

発掘時の外院区画

斎宮跡から出土したさまざまな遺物

鳥・羊形硯

蹄脚硯（復原）

緑釉陰刻花文椀

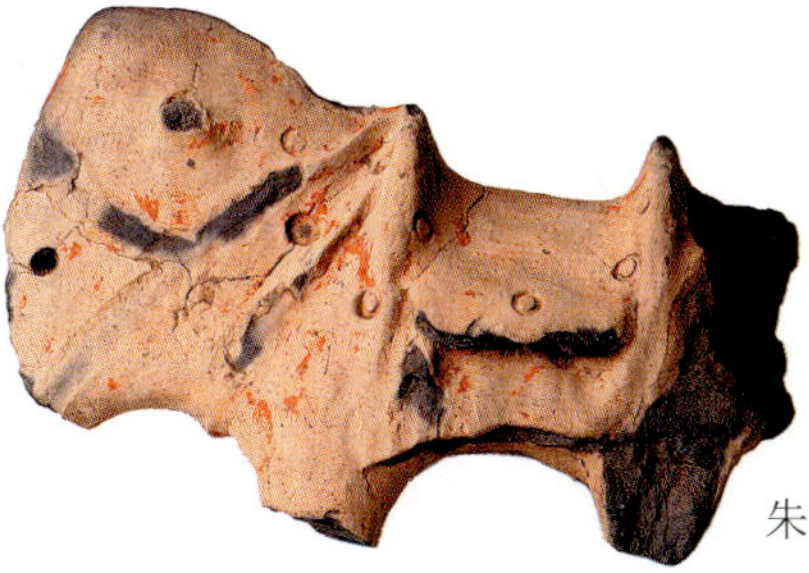

朱彩土馬

三彩陶器

斎宮跡歴史ロマン広場（中央に10分の１斎宮跡模型）

コンピューターグラフィックによる内院遺構復元

目　次

カバー写真　いつきのみや歴史体験館
装丁　吉永聖児

伊勢斎宮跡

I　斎宮とは——文献から見た斎宮

斎宮は「いつきのみや」ともよばれ、天皇に代わって伊勢神宮に仕えるため、天皇の代替わりごとに皇族女性のなかから選ばれて、都から伊勢に派遣された斎王の宮殿を示す。また、斎王そのものを示す用語として用いられたこともあり、かつ伊勢在任中に設置された令外の官であり、斎宮の庶務一般を取り扱う斎宮寮という役所をも包括して用いられた。

斎宮について、文献上にさまざまな記録が残っており、まず文献から見た斎宮の姿を見てみることにする。

最初の斎王

記紀によると、その起源は伊勢神宮の起源伝承で知られる崇神朝の倭姫命とされ、その後にも伝承的な斎王がつづいたとされるが、その実態はよくわかっていない。

史実として最初に現れた斎王は、天武天皇の娘の大来皇女で、斎王制度として整うのは奈良時代の後半頃と考えられる。これ以降、鎌倉時代末期まで六〇数人の斎王が定められ、約六六〇年間つづいた制度は後醍醐天皇の祥子内親王を最後に廃絶した。

表1　斎王一覧

【凡例】　A＝その時の天皇の娘　B＝その時の天皇の同母姉妹　C＝その時の天皇の異母姉妹
D＝その時の天皇のおば　E＝その時の天皇のめい　F＝その時の天皇のいとこ
G＝遠縁　H＝続柄不明
※は女王(天皇の娘以外の皇族女性)　［　］内は実在の確認できない斎王

時代	天皇	続柄	斎王	在任期間
伝承時代	崇神・垂仁		豊鍬入姫(とよすきいりひめ)	
	垂仁・景行		倭姫(やまとひめ)	
	景行		五百野(いおの)	
	仲哀		伊和志真(いわしま)	
	雄略		稚足姫(わかたらしひめ)	
	継体		荳角(ささげ)	
	欽明		磐隈(いわくま)	
	敏達		菟道(うじ)	
	用明～推古		酢香手姫(すかてひめ)	
飛鳥	天武	A	大来(おおく)	673～686
	文武	D	当耆(たき)	698～701
	文武	G	泉(いずみ)	701～706
	文武～元明	D	田形(たかた)	706～？
	元明		［多紀］(たき)	？
	元明		［智努］(ちぬ)※	？
奈良	元明		［円方］(まどかた)※	？
	元正	H	久勢(くせ)※	？
	元正～聖武	A	井上(いのうえ)	721～？
	聖武	H	県(あがた)※	？～749
	孝謙	G	小宅(おやけ)※	749～？
	淳仁	H	山於(やまのうえ)※	758～？
	光仁	A	酒人(さかひと)	772～？
	光仁	G	浄庭(きよにわ)※	？
	桓武	A	朝原(あさはら)	782～796
平安	桓武	A	布勢(ふせ)	797～806
	平城	A	大原(おおはら)	806～809
	嵯峨	A	仁子(よしこ)	809～823
	淳和	A	氏子(うじこ)	823～827
	淳和	E	宜子(よしこ)※	828～833
	仁明	A	久子(ひさこ)	833～850
	文徳	A	晏子(やすこ)	850～858
	清和	C	恬子(やすこ)	859～876
	陽成	C	識子(さとこ)	877～880
	陽成	E	掲子(ながこ)	882～884
	光孝	A	繁子(しげこ)	884～887
	宇多	G	元子(もとこ)※	889～897
平安	醍醐	B	柔子(やすこ)	897～930
	朱雀	C	雅子(まさこ)	931～935
	朱雀	C	斉子(きよこ)	936
	朱雀	E	徽子(よしこ)※	936～945
	村上	C	英子(はなこ)	946
	村上	F	悦子(よしこ)※	947～954
	村上	A	楽子(やすこ)	955～967
	冷泉	C	輔子(すけこ)	968～969
	円融	F	隆子(たかこ)※	969～974
	円融	C	規子(のりこ)	975～984
	花山	C	済子(なりこ)※	984～986
	一条	F	恭子(たかこ)※	986～1010
	三条	A	当子(まさこ)	1012～1016
	後一条	G	嫥子(よしこ)※	1016～1036
	後朱雀	A	良子(ながこ)	1036～1045
	後冷泉	G	嘉子(よしこ)	1046～1051
	後冷泉	G	敬子(たかこ)※	1051～1068
	後三条	A	俊子(としこ)	1069～1072
	白河	G	淳子(あつこ)※	1073～1077
	白河	A	？子(やすこ)	1078～1084
	堀河	C	善子(よしこ)	1087～1107
	鳥羽	D	子(あいこ)	1108～1123
	崇徳	G	守子(もりこ)	1123～1141
	近衛	C	妍子(よしこ)	1142～1150
	近衛	D	喜子(よしこ)	1151～1155
	後白河	A	亮子(あきこ)	1156～1158
	二条	C	好子(よしこ)	1158～1165
	六条	C	休子(のぶこ)	1165～1168
	高倉	C	惇子(あつこ)	1168～1172
	高倉	A	功子(いさこ)	1177～1179
	後鳥羽	C	潔子(きよこ)	1185～1198
鎌倉	土御門	C	粛子(すみこ)	1199～1210
	順徳	C	？子(ひろこ)	1215～1221
	後堀河	B	利子(としこ)	1226～1232
	四条	C	昱子(てるこ)	1237～1242
	後嵯峨	C	曦子(あきこ)	1244～1246
	亀山	C	愷子(やすこ)	1262～1272
	後二条	C	弉子(まさこ)	1306～1308
	後醍醐	A	懽子(よしこ)	1330～1331
南北朝	後醍醐	A	祥子(さちこ)	1333～？

選ばれた斎王

飛鳥・奈良時代の斎王は、かならずしも天皇の即位ごとに派遣されたものでなく、また、斎王の選ばれない天皇のときもあった。斎王制度が確立するのは九世紀以降と考えられ、その内容は、十世紀に編集された法令集『延喜斎宮式』により知ることができる。これによると、斎王は、天皇が即位すると未婚の内親王（または女王）のなかから、卜定《ぼくじょう》とよばれる占いの儀式で選ばれた。

斎王になると、宮中で定められた初斎院《しょさいいん》に入り、翌年の秋に都の郊外の野宮《ののみや》に移り潔斎の日々を送り身を清めた。

その翌年九月に、伊勢神宮の神嘗祭《かんなめのまつり》にあわせて都を旅立つ。出発日の朝、斎王は野宮を出て葛野川（現在の桂川）で禊《みそぎ》を行い、大極殿での発遣の儀式にのぞんだ。

このとき、大極殿で天皇は、斎王の額髪に小さな櫛を挿し、「都の方におもむきたもうな」と告げる。この儀礼は、発遣儀式の最大の場面ともいうべきもので、平安文学のなかで「別れのお櫛」という名でよばれている。

群行・帰京の路

斎王の伊勢赴任を群行《ぐんこう》といい、発遣の儀式を終えると斎王は葱《そう》華輦《かれん》という輿に乗り、伊勢へと旅立つ。最盛期の頃には、斎王に仕える官人・官女に加え、京極まで見送る勅使など五〇〇人を越える壮麗なものであった。

都から斎宮の地にいたる群行路は、宮都の変遷にともない変更されている。史実上最初の斎王とされる大来皇女は、飛鳥の都から初瀬斎宮に入り、初瀬から伊賀国名張、阿保を経て伊勢国との国境にある塩見峠を越え伊勢国の川口、一志を経て多気の斎宮に入ったとされる。

奈良時代の群行路は、七一五（霊亀元）年に平

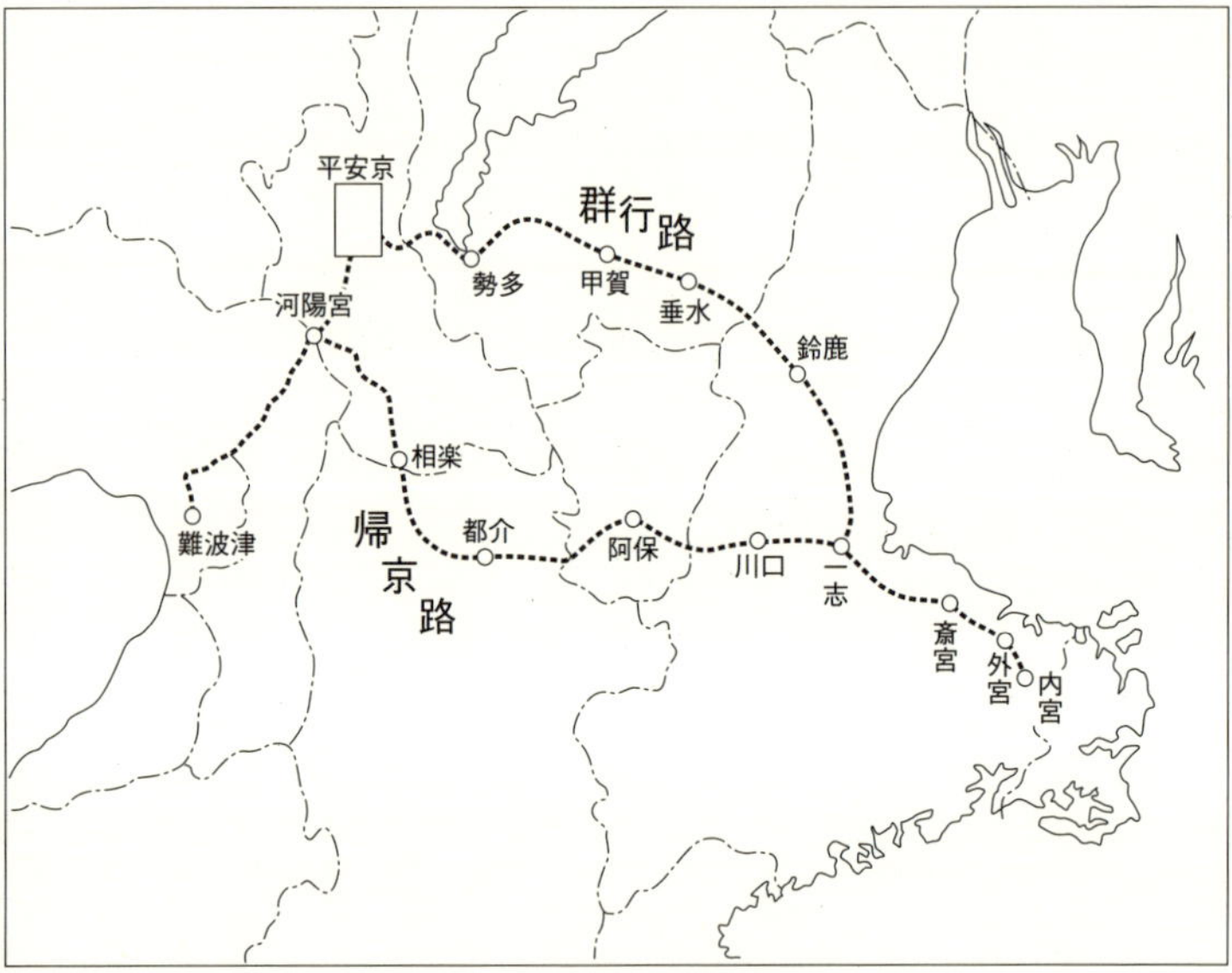

図1　平安京からの群行路

城京の南から大和高原を越えて名張にいたる「大和国都祁山の道」が開かれ、名張以東は伊勢道が用いられたと思われる。都が長岡京を経て平安京に遷都されてからの群行路は、近江国の甲賀から杣川沿いの「倉歴《くらふ》の道」が使われ、伊賀国の柘植に出て加太峠越えで鈴鹿頓宮に向かった。

仁和二（八八六）年に鈴鹿峠越えの「阿須波道」が開かれると群行路も変わり、近江国の勢多・甲賀・垂水、伊勢国の鈴鹿・一志に設けられた仮設の宮、頓宮に宿泊し、五泊六日の行程で伊勢に赴いた。途中六カ所の堺川での禊など、さまざまな決まりのある旅だった。

斎王が都に戻れるのは、斎王の任が解かれるときで、原則として当代天皇の譲位・崩御であったが、肉親の不幸や本人の過失なども穢れとされて退任しなければならなかった。斎王の退下にあたる帰路は、古い時期のことは不明だが、『延喜斎

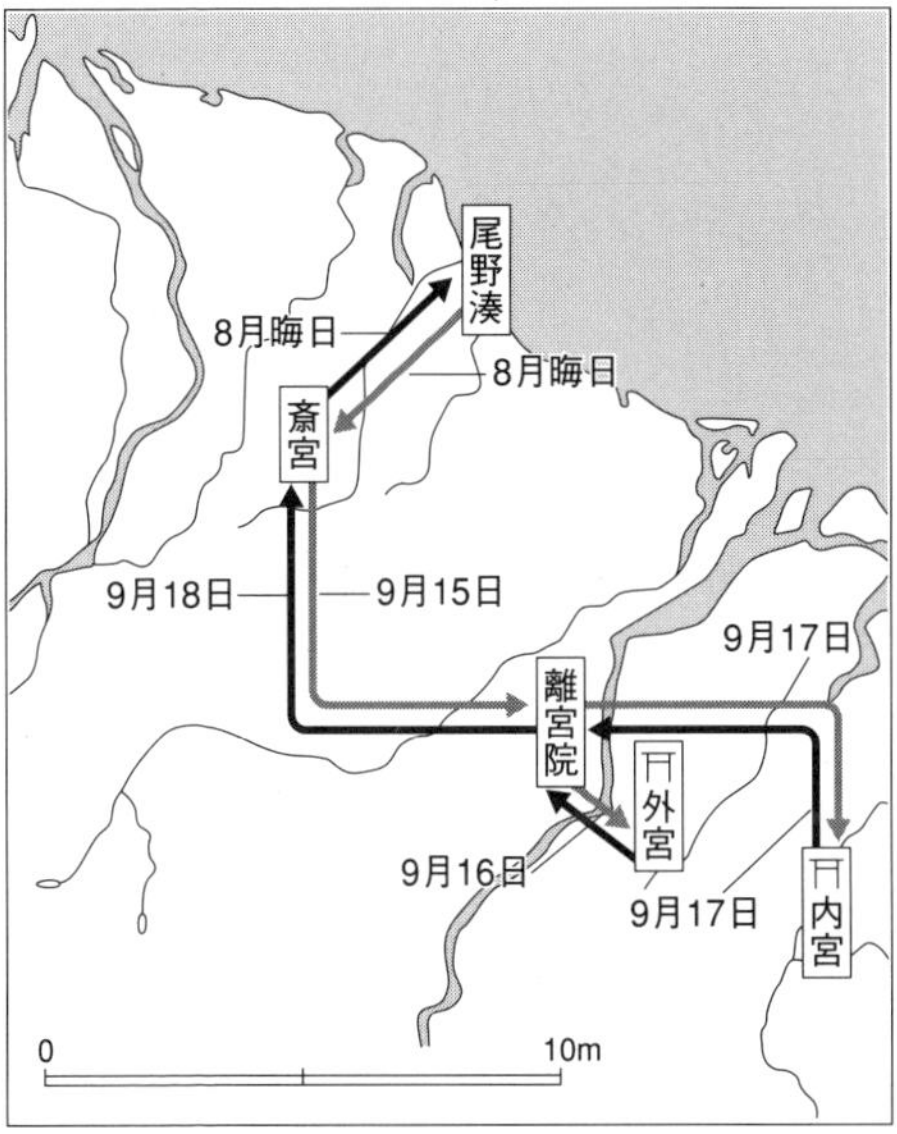

図2　神宮への経路

宮式』の規定や『西宮記』によれば、解任が吉事である天皇譲位の場合は往路と同じ鈴鹿峠・近江路を用いたが、不幸な理由（凶事）の場合は、一志から川口、伊賀国の阿保、大和国の都介、山城国の相楽を通り、いずれの場合も難波津（大阪湾）で禊を行った上で、山城国河陽宮を経て密かに入京した。

斎王の務め

斎王が伊勢神宮へ赴くのは、六月と十二月の月次祭と九月の神嘗祭の三回にかぎられていた。これを三節祭とよび、外宮では十六日、内宮では十七日に行われた。

このときの斎王の行程は、その前月の晦日に祓川や尾野湊（大淀浜）で禊を行い、十五日に斎宮を出て離宮院に入る。翌十六日には外宮、十七日には内宮に赴き、十八日にふたたび斎宮に帰った。

また、これ以外にも斎宮内でさまざまな行事があったことがわかる。斎宮の正月は、神宮遥拝に始まり、斎宮寮の官人や神宮関係者の斎王拝賀などがあり、以降、二月の祈年祭、十一月新嘗祭などの農耕にかかわる祭祀や、五月五日、七月七日などの節会が宮廷と同様に行われた。また、毎月朔日に清い火をまつる忌火、庭火祭や道饗《みちあえ》祭《まつり》など斎宮の清浄を保つ祭祀も数多く行っていた。

斎宮寮

斎宮には、斎宮寮という官司が置かれ、斎王に奉仕していた。そして斎宮にはそのほかに、内侍を筆頭とした女官たちが斎王に仕えていた。これら斎宮寮の官人たちは経済や施設管理など事務的な面で斎宮を支え、女官たちは斎王の身辺の世話をしていたと考えられている。

斎宮寮は、『続日本紀』大宝元（七〇一）年八月四日条に「斎宮司准寮、属官准長上焉」として初めて見え、同上養老二（七一八）年八月十三日条に「斎宮寮公文始用印焉」と記載されている。また、同上神亀四（七二七）年八月二十三日条に「補斎宮寮官人一百廿一人」とあり、この頃までに寮に昇格したことがうかがえる。

司は斎王を支えるために置かれた官司、斎宮寮を支える小さな役所を指すものである。主神司とよばれるものだけは、延暦十九（八〇〇）年十一月三日にそれまでは管轄するところがなかったので、以後は神祇官の管摂《かんせつ》する司とする、とあり、神祇官の下部の機構となる。この主神司を含めて斎宮寮は一三の司が置かれた。

斎宮を構成する役所を知る基本資料は、律令の改定法令集である『類聚三代格《るいじゅうさんだいきゃく》』神亀五（七二八）年七月二十一日の勅がある。この史料は多くの『類聚三代格』の写本では欠損がはなはだしいが、東北大学図書館の狩野文庫本にはほとんど完全な形で残されている。それによると、斎宮寮は、

頭一人	従五位官
助一人	正六位官
大允一人	正七位官
少允一人	従七位官
大属一人	従八位官
少属一人	従八位官

使部十人

とあり、さらに

主神司《かんつかさ》　中臣一人　従七位官
忌部一人　従八位官
宮主一人　従八位官
神部六人
卜部四人
舎人《とねり》司　長官一人　従六位官
主典一人　大初位官
大舎人二十人
舎人十人
織部《おりべ》司　長官一人　従六位官
主典一人　大初位官
蔵部六人
膳部《かしわでべ》司　長官一人　従六位官
判官一人　正六位官
主典一人　大初位官
炊部《かしきべ》司　長一人　従八位官
炊部四人
酒部《さかべ》司　長一人　従七位官
酒部四人
水部《もひとりべ》司　長一人　従七位下
水部四人
殿部《とのもりべ》司　長一人　従七位下
殿部六人
采部《うねべ》司　長一人　従七位官
女采二人
薬部《くすべ》司　長一人　従七位下
醫生二人
掃部《かにもりべ》司　長一人　従七位下
掃部六人

と一二司がつづき、総人数一〇七名が記載されている。このうち織部司は狩野文庫本以外では「蔵部司」としており、伴部も「蔵部」としてい

表2　文献に残る建物名称一覧

西暦	年号	内院	中院	外院	路	造営・火災	出典
七七一	宝亀二					造斎宮(鍛冶正従五位下気太王)	続日本紀(11・18)
七七五	宝亀六					伊勢斎宮修理	続日本紀(8・22)
七八五	延暦四					造斎宮長官(従五位上紀朝臣作良)	続日本紀(4・23任)
八一四	光仁五	大盤所					太神宮諸雑事記(8・15)
八三九	承和六					官舎一〇〇余宇焼く(離宮院)	続日本紀(11・5)
八六七	貞観九					官舎一二余宇焼く	三代実録(2・3)
八八一	元慶五					斎宮雑舎修理	三代実録(2・21)
八九五	寛平七					造斎宮使(大宮司大中臣善兼任)	二所太神宮列文(9・22)
八九九	昌泰二					斎宮未修理	西宮記(9・14)
九一三	延喜三					斎宮寮失火	扶桑略記(9・14)
九二七	延長五	内院、神殿、寝殿、出居殿、中重庭、御川、池、南門	造寮、厨家	官舎、寮庫、諸司雑舎、井、酒殿、大庭			延喜式
九三三	承平三					斎宮修造(正六位上大中臣朝臣頼行)	類聚符宣抄(3・4)
九三四	承平四		寮庁				太神宮諸雑事記(10・23)
九六二	応和二			南門・御階			太神宮諸雑事記(8・一)
九七八	天元元	だいばん所、やり水、みかはの池					斎宮女御集
九八一	天元四					斎宮寮雑舎一三宇火	日本紀略(正・13)
九九一	正暦二	やり水					夫木和歌抄
一〇二六	万寿三					斎宮所々損々色文、大風・野火	小右記(9・10)
一〇三七	長暦元					造伊勢斎宮使(太神宮司正六位上大中臣朝臣兼任)	類聚符宣抄(6・5)
一〇四〇	長暦四			蔵部司倉		蔵部司倉一宇消失	春記(11・29)
一〇四五	寛徳二	御匣殿					太神宮諸雑事記(正・19)
一〇四八	永承三	御殿、御汗殿		西鳥居			太神宮諸雑事記(9・8)
一〇四九	永承四		駅官院				太神宮諸雑事記(9・26)
一〇五七	天喜五	南門					太神宮諸雑事記(9・4)
一〇六〇	康平三	御汗殿					太神宮諸雑事記(9・9)
一〇六三	康平六	御匣殿		進物所			太神宮諸雑事記(5・26)
一〇六六	治暦二	西陣、西面妻戸、下板敷、南面御前、西面		進物所			太神宮諸雑事記(11・28)
一〇七四	承保元			北門	北路	殿屋破壊。蓬蒿交生。	経信卿記(7・2　7・4)
一〇七五	承保二					造斎宮使覆勘文	水左記(10・5)
一〇八三	承暦中	内院	中院	外院		三箇院数十宇殿舎造進(散位従五位下大中臣朝臣公隆)	朝野群載元永元・6・8条
一〇九〇	寛治四			南門	堀川		江記(11・4)
一〇九二	寛治六	戸口垂板敷、東廊、西中門		南門			江家次第
一一〇五	長治二	内院、御匣殿				斎宮修理間定	殿暦(8・2　9・5)
一一〇五	長治二					斎宮寮近日顚倒	中右記(8・2)

一一〇五	長治二					造斎宮寮功(大中臣公長神祇祐任)	中右記(12・14)
一一〇五	長治二	御殿東庇		南門	西路・北路	見宮殿破壊	勅使部類記(8・13)
一一〇七	嘉承二	内侍宿所、渠、井		南門		御殿皆修理功(伊勢守任)	勅使部類記(2・17)
一一〇七	嘉承二						中右記(7・21)
一一一四	永久二			南門			中右記(2・2)
一一一八	元永元					造斎宮三ヵ院功	二所太神宮列文
一一二五	天治二					斎宮造宮	中右記目録(8・14)
一一三三	天承二	内院、中御殿					山槐記治承二年閏六月条
一一三三	長承二	南門					中右記(6・2)
一一三九	保延五			外院		修造功(三禰宜元定伊勢守任)	皇太神宮禰宜補任次第
一一四一	永治元			外院		功(大中臣公宗大宮司任)	二所太神宮列文
一一四三	康治二					造斎宮三ヵ院造進功(大中臣親章神祇少副任)	公卿補任
一一四四	天養元	内院、神殿				造伊勢斎宮寮使	本朝世紀(2・7 3・4)
一一五三	仁平三	内院、殿舎、門、鳥居、築垣				造斎宮寮内院使(大神宮司従四位下行伊勢守荒木田元定)	皇太神宮禰宜補任次第
一一五三	仁平三	内院					本朝世紀(5・26)
一一五四	仁平四		中院			功(大中臣親章四位叙)	公卿補任
一一五六頃	保元頃	内院	中院	外院			新任弁官抄
一一六七	仁安二	内院	中院			造進伊勢斎宮寮内中院	平安遺文三四三四
一一七二	承安二		頭宿館				百錬抄(5・3)
一一七四	承安四	内院				功(大中臣親俊従四位下叙)	公卿補任
一一七七	治承元				南路		治承元年卿勅使記(9・14)
一一八七	文治三	内院	中院	外院		造斎宮寮外院功(少司大中臣隆時正六位上)	類聚大補任
一一八九前	文治頃	ついがき					山家集
一一九一	建久二	宜旨曹司、井					文保記(12・8)
一二〇一	建仁元	内院	中院			修造功(権大司大中臣長能従五位下叙)	類聚大補任
一二一三	建保元					造斎宮寮重任功(大司従五位下大中臣康定)	類聚大補任
一二一七	建保五	御殿	駅官院				類聚大補任
一二一九	建保七		中院				嘉元二年内宮仮殿遷宮記
一二二一	承久三		頭宿館				類聚大補任
一二二八	安貞二		中院			造宮重任功(大司従五位下大中臣頼重)	類聚大補任
一二三一	寛喜三		中院			造宮重任功(大司従五位下大中臣頼重)	類聚大補任
一二三九	延応元		中院			造宮重任功(大司従五位下大中臣盛房)	類聚大補任
一二四二	仁治三	御櫛笥殿					百錬抄(正・11)
一二四二	仁治三		頭宿館				類聚大補任
一二四三	寛元元		中院			重任功(宮司大中臣盛房)	類聚大補任
一二六二	弘長二		中院			殿舎未作(大司大中臣尚長)	類聚大補任
一二六五	文永二		中院				類聚大補任
一二七二	文永九	御匣殿	頭宿館				類聚大補任
一三〇六	嘉元四		中院			造営難(大司大中臣長光)	二所太神宮列文

※本表は、小玉道明「斎宮寮の殿舎」(『斎王宮跡資料—発掘調査・文献資料—』一九七八・九　三重県教育委員会)をまとめたものである。

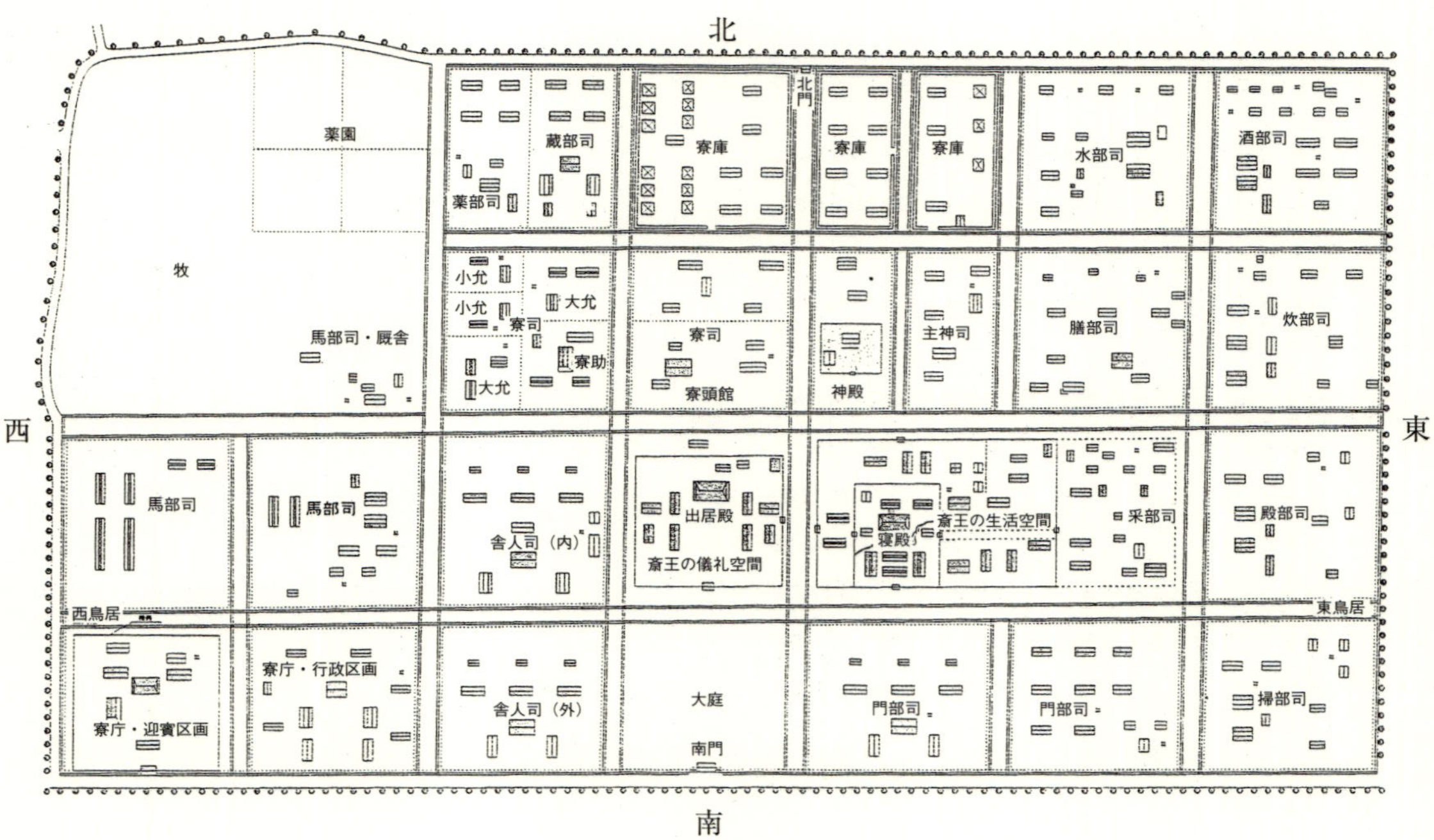
北
西
東
南
薬園
牧
馬部司・厩舎
薬部司
蔵部司
寮庫
北門
寮庫
寮庫
水部司
酒部司
小允
小允
寮司
大允
寮助
大允
寮司
寮頭館
神殿
主神司
膳部司
炊部司
馬部司
馬部司
舎人司（内）
出居殿
斎王の儀礼空間
斎王の生活空間
寝殿
采部司
殿部司
西鳥居
東鳥居
寮庁・迎賓区画
寮庁・行政区画
舎人司（外）
大庭
南門
門部司
門部司
掃部司

図3　斎宮寮復原平面図

ることから見て、蔵部司の誤記ではないかと見られている。

最盛期の平安時代前期には、門部司、馬部司が加えられ、『延喜斎宮式』にみえる長上官二六人、番上官一〇一人の計一二七名に近い数となる。また同式では、女官（命婦《みょうぶ》、乳母《うば》、女孺《にょじゅ》）四三人、宮主（卜部氏）および仕丁など七七人、将従二七三人と規定されており、平安時代中期以降は、勅別当や女別当、宣旨、女房などが知られ、総数五〇〇人を越える大規模な役所であった。中央官司では、天皇の内廷である後宮、皇太子に関する春宮に類似した組織であった。

斎宮は、八二四（天長元）年に度会離宮であった「離宮院」に移ったが、八三九（承和六）年その官舎百余宇を焼失し、ふたたび多気の宮地に戻されている。

斎宮寮の構造は、平安時代後期の成立になる『新任弁官抄』によれば、内院・中院・外院から構成され、内院には斎王御殿、神殿、中院には斎宮寮頭が執務する寮庁、外院には主神司と一二司らの官舎、寮庫など一〇〇棟以上の建物があり、内院と中院は檜皮葺、外院は茅葺きであったことが記述されている。時代は古くなるが『延喜式』にも「内院」をはじめ「神殿」、「寝殿」などの施設名が散見できる。

斎宮の造営は、斎王の群行に先立ち造営使が京から遣わされ、殿舎の維持管理は寮官、宮殿の修理は伊勢国司、官舎の修理は大神宮司がおのおの担当することとなっていたが、平安時代後期以降は、ほとんどが大神宮司の成功《じょうこう》によっている。

斎宮の財政　斎宮の財政は、諸国から貢納される調や庸などの税物で維持されており、西は近江から東は常陸までの東海道、東山道の一八国からさまざまな物資が調達されていた。

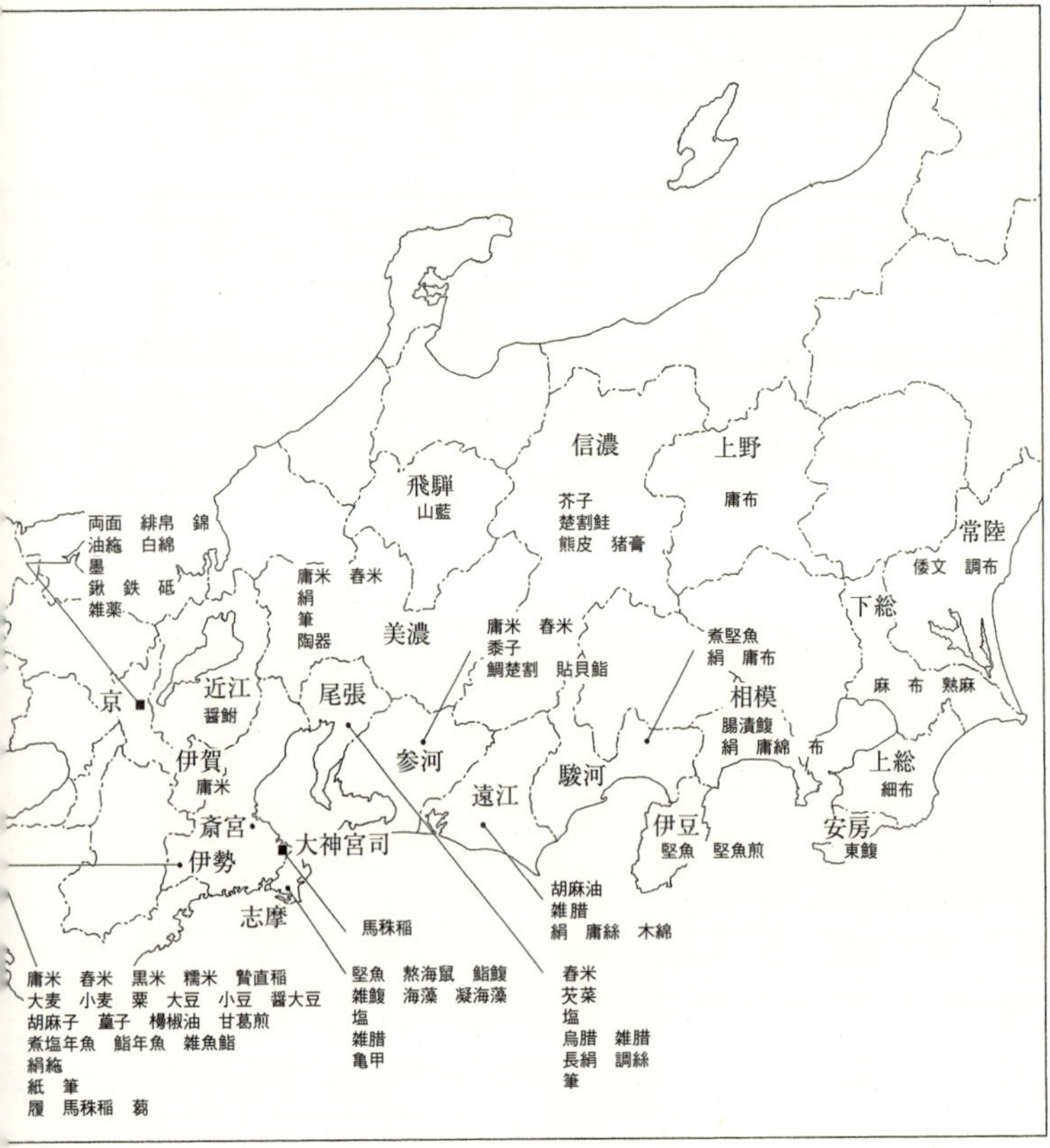

図４　諸国からの品々

の図は、『延喜式』の記載をもとに作成。そ
ぞれの産物名が今日のなににあたるのか、
明のものもあるので、以下にかんたんな説
をつける。
米……しょうまい。ついて脱穀したコメ。
……みの。ミノゴメ。イネ科の二年草。
果実を食用とする。
椒油…ほそきのあぶら。イヌザンショウ（ミカン科の落葉低木）のこと。
葛煎…アマズラの煮汁。甘味料になる。アマズラはツタに似た植物。
菜……みずふき。オニバス（スイレン科）のこと。実や地下茎を食す。
魚……カツオ。

年魚……アユ。
楚割……すはやり。魚などを乾燥させて細く裂いたもの。
貼貝鮨…いかいのすし。イガイの馴れ鮓。
鰒………アワビ。
醤鮒……フナの塩漬け。
熬海鼠…ナマコを煎ったもの。
腊………きたひ。乾肉のこと。
海藻……め。ワカメのこと。
凝海藻…こるも。テングサのこと。
倭文……しとり。麻などを乱れ模様に織った古代の織物。
両面……両面錦。表裏に紋柄を織りだした錦。

いうなれば、中央財政の縮小版ともいえよう。

その内容は、伊勢を初めとする尾張、美濃などの近隣の国からは米や麦などの重いもの、海浜の国からは魚や海草、内陸の国からは淡水魚や調味料となる植物、遠国の関東諸国からは軽い繊維製品、美濃からは土器類、また、神宮領の多気、度会、飯野の三神郡からは馬のえさとなる稲や藁、京からは鉄、薬、良質の織物などの貴重品と、地域の特色に応じたものが運ばれていた。また、志摩国が納めたもののなかに、占いに使用した亀甲がある。

II　位置と環境

1　位置

三重県は、日本列島のほぼ中央に形成された紀伊半島の東部に位置し、南北に細長く東に伊勢湾、南に熊野灘をのぞむ山海の国である。伊勢湾に面した伊勢平野では、北側から鈴鹿川、雲出川、櫛田川、宮川などの大小の河川が伊勢湾に流れ込んでいる。これらの河川は、その流域に沖積平野を形成し、肥沃な耕地を生み出している。

斎宮（1、なお以降カッコ内は図5の数字に該当）の位置は、伊勢平野南側の現在の松阪市と伊勢市の中間にある櫛田川と宮川に挟まれた明野原台地とよばれる洪積台地上にあたる。この明野原台地は、櫛田川右岸の玉城丘陵、大仏山丘陵などの低丘陵の北方に形成された台地で、西端は祓川が北流して段丘崖をなし、台地中央部には大堀川が北流し、東端は宮川が形成した沖積地へと連なっている。

斎宮は、この台地の西端に位置し、台地の西側には櫛田川の支流である祓川が蛇行して北流し、台地上との最大比高差四・七メートルの沖積地となっている。台地上では、西端が標高約一四メートル、東端が約九メートルと、緩やかに北東方向に傾斜している。この台地上の地形を細かく見ていくと次のような様子が読みとれる。史跡の南西部が標高一四・五メートルと最も高く、北東方向に同心円上に高さを減じていく。史跡中央部からは、標高一一～九メートルの等高線がほぼ南北方向に見られ、東側に併行して低くなっていく。中央部の東よりに位置する「斎王の森」の南側では、標高約一〇メートルの等高線が西側に入り込んでおり窪地上の地形をなしている。一方、史跡南側を通る旧参宮街道沿いでは、標高一四～一〇メートルの等高線が東に張り出していくのと相まって、史跡中央部が浅い谷状地形を形成している。

西端を流れる祓川は、八四七（承和十四）年頃は多気河とよばれており、竹川とも、稲木川とも記されていた。現在の祓川は上流三キロの位置で櫛田川から分流しているが、承和十四年には櫛田川の流路が西北に一里ほど移動して、多気郡と飯野郡の郡界もそれにしたがって変動させたことが見られるように、祓川が櫛田川の本流であり、分流点以北は櫛田川の氾濫原といえる。

2　歴史的環境

旧石器から縄文時代

櫛田川、宮川流域には旧石器時代から人びとの生活が営まれ、上流から中流域の河岸段丘上に遺跡が多く見つかっている。大台町の出張遺跡ではナイフ型石器を中心にチャートを石材とした石器が出土している。

櫛田川の上流にあたる松阪市飯南町粥見・井尻遺跡では、縄文時代草創期の竪穴住居から日本最古の土偶や矢柄研磨器をはじめ隆線文爪形文土器

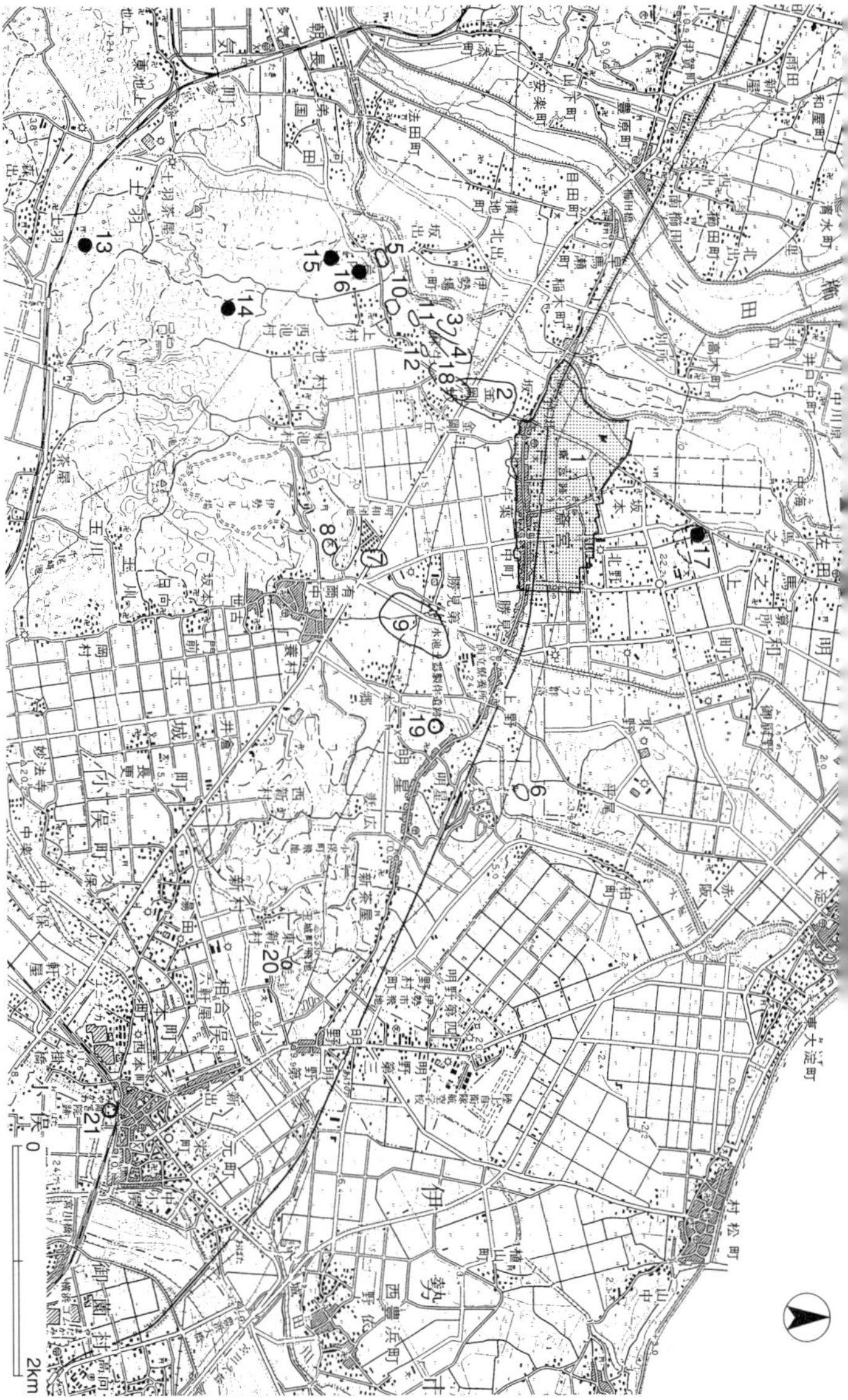

図5　遺跡位置図

などが出土している。中流域では左岸の鴻ノ木遺跡で、早期前半の大鼻式の押型文土器をともなう竪穴住居・炉状遺構が確認されている。

度会町森添遺跡では縄文時代中期から晩期に及ぶ十数面の文化層を確認し、竪穴住居などを検出した。関東から瀬戸内海地方の影響を受けた土器が多く出土し、朱彩の土器や辰砂の制作に用いられたと考えられる叩き石や凹石が認められ、朱を媒介として東西日本の交流が行われたことを示唆している。この辰砂は、中央構造線上に位置する当地域から産出されるもので、伊勢水銀の名で古代からよく知られ、勢和村丹生地域を中心に採掘が行われてきた。

弥生時代

九州から伝わった弥生文化は、伊勢湾西岸の雲出川流域に大和地方から伝えられた。さらに伊勢湾の南北に広がり、北は鈴鹿川流域の上箕田遺跡、南は明和町金剛坂遺跡がよく知られている。

金剛坂遺跡（2）は、三重県の弥生時代を代表する遺跡で、斎宮の南西側と接した祓川右岸の洪積台地上にある。四次にわたる調査で弥生時代の竪穴住居や方形周溝墓が確認されている。さらに金剛坂遺跡の南西には、旧祓川の自然堤防上の微高地上に位置し中期から後期にかけての方形周溝墓が確認された寺垣内遺跡（3）、神殿遺跡（4）が、さらに南の洪積台地上でも弥生時代前期・後期の竪穴住居が確認されたコドノB遺跡（5）がある。

斎宮の西部地域でも弥生時代中期から後期にかけての方形周溝墓が確認されており、斎宮西部から金剛坂遺跡につづく台地縁辺部は、弥生時代から開発が進められてきたことを示している。

古墳時代の集落

周辺での遺跡は少なく、北野遺跡、寺垣内・コドノ遺跡などの史跡南方で弥生時代から引きつづき小規模な集落が確認されているが、近年古墳時代の方形周溝墓が確認されてきている。また、曽祢崎遺跡（6）で古墳時代後期の掘立柱建物一棟や、堀田遺跡（7）、発シB遺跡（8）ではそれぞれ古墳時代後期の竪穴住居二棟が確認されている。

このように古墳時代の集落跡が確認されてはいるものの、竪穴住居の規模などから見て中心的な集落とは考えられず、後述するような古墳群を造営した拠点的な集落は未確認である。

北野遺跡（9）は、斎宮の東南二キロにある弥生時代後期から歴史時代にかけての遺跡で、弥生時代後期から古墳時代初めにかけて五～一〇棟の方形竪穴住居群が数群確認されているほか、六世紀中頃から竪穴住居・掘立柱建物や土器焼成坑が確認されている。

寺垣内遺跡・コドノ遺跡では、弥生時代から引きつづき竪穴住居や方形周溝墓を確認したほか、隣接する城掘遺跡（10）でも古墳時代、コドノB遺跡では古墳時代初期の竪穴住居一棟がある。また、織糸《おりと》遺跡（11）では、平成十六年度に六世紀の竪穴住居一棟が新たに確認された。

方形周溝墓

弥生時代末から古墳時代初頭にかけて引きつづき造営されており、前述の寺垣内遺跡で弥生時代中期～古墳時代前期が二五基、コドノB遺跡・城堀遺跡ではそれぞれ三基、金剛坂里中遺跡（12）で一基が確認されている。とくに古墳時代になると段丘上に出現し、コドノB遺跡や織糸遺跡では墳丘の残る古墳時代前期の方形周溝墓が確認されている。いずれの遺跡も祓川右岸の段丘縁辺部に集中している。

斎宮内では縁辺部から台地内に若干入った位置で行われた古里地区の調査で、五世紀末の方形周溝墓の可能性があるものも確認されてはいるが、古墳と方形周溝墓と明確に分けることができなかった。

古墳

斎宮の南方にある玉城丘陵で多く見つかっている。そのなかで最も古いのは、多気町土羽にある権現山二号墳（13）で、五世紀前半に造営された四九メートル×三八メートルの方墳であり、滑石製坩や円筒埴輪が出土している。この後、玉城丘陵の明和町側で三基の帆立貝式前方後円墳が出現する。五世紀中頃の高塚一号墳（14）は全長七五メートル、大塚一号墳（15）は全長五三メートル、神前山一号墳（16）は五世紀後半で画文帯神獣鏡や須恵器鳥型𤭯《はそう》が出土している。画文帯神獣鏡二面は、九州から関東までの古墳で出土しており、同型の鏡が二〇面現存する。

六世紀になると、この付近の古墳の規模は小型化・群集化し、玉城丘陵の北側の平野に広がっていく。これらは横穴式石室をもつ古墳が多く、玉城丘陵において一〇群以上の古墳群が確認されている。

斎宮内には、五世紀後半から出現する塚山古墳群があるほか、史跡北側では古墳時代後半と考えられる坂本古墳群（17）、南側には古墳時代後期の方墳を一三基以上確認した辰ノ口古墳群（18）が所在する。

これら古墳群のうち、発掘調査などで判明している主体部は、上村池周辺など多気・玉城の両町と境を接する丘陵地帯にある古墳群ではおもに横穴式石室であるのに対し、北側の台地一帯では木棺直葬のみで、横穴式石室は確認されていないことが大きな特色である。

七世紀後半には、古墳が造営されなくなるが、坂本古墳群の七世紀前半の坂本一号墳は全長三一・四メートルの前方後方墳で金銅装頭椎太刀が出土しており、斎宮との関係から注目される古墳である。

飛鳥時代以降

この時代の特色として、斎宮の南方に広がる低丘陵地には、全国でも最大規模を誇る土師器生産遺跡が所在する。斎宮の東南約二キロには、初期の土師器生産遺構を全国に知らしめた国史跡「水池土器制作所址」(19)が、その西方に近接した北野遺跡は、六世紀後半から土師器生産が開始され、以後二五〇年間継続して土師器の生産を行っている。

これらの地域は『倭名類聚抄』にみえる「有二」に含まれており、有爾郷は古代より神宮に調進する土器を焼成した地として知られている。北野遺跡で七世紀後半に焼成坑が増加する要因として、斎宮の設置がかかわっていると考えられ、斎宮の方格地割が造営される八世紀後半には周辺の地域に生産場所を移したと考えられる。

古墳時代後期以降、土師器とともに古代の土器を構成する須恵器についても『延喜式』では美濃・尾張から調達していることになっているが、出土須恵器の検討から在地で生産していた可能性が高いことが指摘されている。この地域周辺の須恵器生産窯は、松阪市の根跡窯跡群、多気町の中尾窯跡・明気窯跡群、玉城町の大仏八端古窯跡群(20)・原古窯跡群や市寄窯跡群が知られており、ほとんどの操業最盛期が七世紀前半から八世紀にかけてと確認されている。泉貢窯跡群では十世紀までは操業が行われており、その上限は六世紀にさかのぼる可能性が高いと指摘されている。

なお、飛鳥時代以降の集落は、斎宮の南側にある弥生時代を中心とする方形周溝墓が検出された寺垣内遺跡周辺で飛鳥時代から奈良時代にかけての遺構が散在して確認されているが、詳細は不明である。寺垣内遺跡東側の字名は「神殿《こうどの》」、また、東南の段丘上面にも「コドノ」の字名が残っており、なんらかの官衙的な遺構が検出されてもおかしくない地名が伝承されている。

　これらの地域で検出された飛鳥～奈良時代の遺構としては、寺垣内遺跡では竪穴住居や溝などから七世紀後半から八世紀初頭の暗文の施された精製土器が出土しているほか、断定できないが総柱の掘立柱建物も時期的に近いものであろう。寺垣内遺跡の古墳時代後期～奈良時代とされている竪穴住居四三棟のうち、大半は奈良時代初めまでの時期の竪穴住居で、斎宮との成立の過程を考える上で興味深い。また、コドノ遺跡や織糸遺跡でも掘立柱建物が検出されるなど、斎宮が成立したと考えられる七世紀後半から奈良時代にかけての遺構が確認されており、規則的な配置は確認されていないが、今後注意すべき地域といえる。

3　斎宮周辺の遺構

離宮院

　斎宮と神宮は、宮川を挟んで約一五キロ離れており、両者のほぼ中間にある度会郡小俣町本町には、斎王の離宮であり、九世紀前半の八二四（天長元）年から八三九（承和六）年の一六年間、斎宮が置かれた離宮院（21）が位置する。斎王は、主要な役目である六月の月次祭、九月の管嘗祭、十二月の月次祭の年三回、離宮院に宿泊する。各祭の前日にあたる十五日にまず一泊し、翌十六日に外宮で祭事をして帰って一泊し、十七日にも内宮へ祭事をして帰着して宿泊し、翌十八日に斎宮へ帰るという決まりとなっていた。

　「離宮院跡」は、JR参宮線の宮川駅の南側にあり、一九二四（大正十三）年十二月九日に国の史跡に指定されている。離宮院の成立時期については、よくわかっていない。『園太歴』の記述によれば、七九六（延暦十六）年に斎王の離宮と大神宮の御厨を沼木郷高河原から湯田郷字羽西村に移したとあり、このことから平安時代初めには離宮院が成立していたことがわかる。また、斎王の離宮の機能だけではなく、度会郡の駅家や伊勢神宮領の行政官庁である大神宮司の政庁も設置されていたことが考えられる。

一九七八（昭和五十三）年三月に、道路拡幅工事にともなう発掘調査が行われ、その結果、八脚門と門に取り付く東西に延びる掘立柱塀を確認することができた。八脚門は、正面三間、側面が二間で、伊勢神宮の板垣御門や外玉垣御門などと同様の形態であり、この規模は国衙などの入り口にあたる南門に相当する。中央柱間は通路とするため柱間が一三尺と広く、両側は六尺五寸と狭い。調査では柱の二本ほどが下の根の部分が焼けたままに残っていた。焼けた柱痕は、周辺から出土した遺物から八三九（承和六）年の火災の可能性が高いと考えられる。

一九九八（平成十）年には、八脚門が検出された地点から北東方向約三〇〇メートルの位置で小俣郵便局改修にともなう調査が行われている。この調査では、平安時代の掘立柱建物四棟が検出された。建物方位は、八脚門と同一方向のため、計画的に建物が造営されたことが想定できる。

さて、八脚門の南側は、史跡指定地を隔てて急斜面となっており、地形を考えると八脚門は北側に広がる中心施設の南門と考えられる。一九九八年の調査で確認された掘立柱建物などの遺構から見て、八脚門の北側に同一プランで造営された掘立柱建物群が広がることが予想される。

小俣町内には、「宮門」、「離宮山」など離宮院

図6　離宮院の八脚門

との関連が想定できる字名が残っている。また、字切り図などの字界から見て、東西一㌔、南北〇・五㌔ほどの範囲に、斎宮に存在する方格地割同様の構成を見て取ることが可能である。このことについては今後の発掘調査の進展に期待したい。

条里制

　斎宮の南側には、条里遺構が広がっていたが、一九八八（昭和六十三）～九〇（平成二）年のほ場整備事業により消滅した。一九七五（昭和五十）年に作成された三千分の一の「農業基盤総合整備事業（斉明地区）」図および先学の研究によりその復元と斎宮の方格地割を検討してみる。

　斎宮周辺の条里遺構は、玉城丘陵と明野原台地に囲まれた河岸段丘上で、斎宮の南に広がっている。また、斎宮の東側二地域にも部分的ではあるが、条里遺構が残されていた。後者の条里地割は、前者の条里とは分断された状況にあり、基準軸の方向も異なっている。

　斎宮の南に広がる条里遺構は、多気郡の一一～一四条にあたり、用水を南側丘陵地の溜め池による灌漑によっており、開発は比較的古いと考えられている。南北線（阡線）が正しい南北か、または数度西に偏したものを主方向としている。測定値は、N7°W前後であり、斎宮の方格地割のN4°Wとは異なり、条里地割と方格地割の相互の施行基準はなかったと考えられる。

　方格地割南限の標高と地割南限に接する現水田面の標高は、約〇・五メートルの高低差をもって東へ傾斜している。したがって、条里地割施工に際して、方格地割の位置する地域が乾燥地帯で、水稲栽培には適さなかったことが、条里地割と方格地割が重複しない理由のひとつと考えられる。

　また、方格地割の南限と条里地割北限の間には、約二〇メートルの空閑地が認められ、両者は相互に規制されたことも考えられる。一九〇三（明治三十六）年の絵図には、この空閑地を「本伊勢道」とし、参宮街道を「今いせみち」と記しており、時期の特定ができないが、この空閑地がかつて道路として機能していたことをうかがわせる。現在のところ、明確な道路遺構および区画施設を確認していないが、八脚門の存在からも当該部分に方格地割の南限を区画する道路と側溝で構成された区画施設を想定することが可能である。

Ⅲ　斎宮における調査の歩み

　南北朝時代に斎王制度が廃絶して以降、朝廷の神祇官官僚や伊勢神宮神官によって同制度の復興を目的として、斎王制度の由緒、故事の調査が行われている。江戸時代後半の十九世紀、伊勢神宮神官の薗田守良による『神宮典略』や『新釈令義解』が斎宮研究の先駆けとなっている。薗田の資料に立脚して斎宮寮を内院・中院・外院に分け、斎宮寮の殿舎の配置を表したのが御巫清直の『斎宮寮考証』である。この後、大正から昭和にかけて、地元研究者の個別研究も活発となる。

「斎王旧蹟」の顕彰活動については、古く明治時代の中頃から永島雪江、乾覚郎、北野信彦等によって行われ、明治三十年代半ばには当時の斎宮村長である櫛谷定次郎らが組織する「斎宮旧蹟表彰会」により地域の各所に標石が建てられた。

　また、一九一八（大正七）年には三重県により斎王の森が「斎王宮阯」として名勝旧蹟天然記念物に指定されており、昭和になっても中村寅次郎によって献身的にその顕彰活動はつづけられている。しかし、小俣町の離宮院跡が一九二四（大正十三）年に国の史跡に指定されたのにくらべ、「斎王宮阯」は戦後の県文化財保護条例の制定に

図7　平成15年までの調査位置図（点線は史跡範囲）

際しても県史跡への指定更新はなされず、長らく「幻の宮」のままであった。

「斎宮跡」の考古学的な発掘調査は、明和町斎宮に隣接する竹川字古里地内で、昭和四十年代に民間開発による約七万平方㍍に及ぶ住宅団地の計画により始まった。この畑地や山林となっている一帯は、塚山古墳群が周知の埋蔵文化財として存在し、古代から中世にわたる土器片が多数散布しているほか、長らくその実態が不明なまま伝承しつづけられてきた「斎宮」の地名を残す地域に隣接していた。このような現地の状況であることから、一九七〇（昭和四十五）年六月から七月にかけて開発事業計画地域を対象として、埋蔵文化財の存否やその時代・範囲等を把握することを目的に、四×四㍍の試掘坑三〇カ所を設定して試掘調査を実施した。

その後、今日まで三〇年間以上にわたって発掘調査はつづけられている。この間、ほぼ一〇年ごとに発掘調査・研究・保存・活用とその組織等にかかわる大きな画期があり、第一期から第三期に区分して簡単に整理してみたい。

1　第一期（昭和四十五〜五十四年）

史跡西部の古里地区における開発事業計画地での試掘調査（第一次調査）が実施され、その後、古里AからE地区の発掘調査につづき、遺跡の範囲確認調査を経て、一九七九（昭和五十四）年三月二十七日付による史跡指定に及ぶ、斎宮跡の発掘調査にとって創草期ともいうべき時期である。

当初の宅地開発事業計画にともなう試掘調査は、経費を原因者負担、調査主体は地元明和町教育委員会、現地調査は県の職員が担当する体制で実施した。

図8　古里地区全景（1972年）

古里地区の調査

この試掘結果を基に、開発事業の事前発掘調査として三重県教育委員会が調査主体となり、一九七一（昭和四十六）年十月～一九七二（昭和四十七）年まで、古里A地区（第二次調査）～C地区（第五次調査）の約二万平方メートルの発掘調査を実施した。これらの調査により、弥生時代中期の方形周溝墓、塚山古墳群の一画を占める古墳時代後期の削平された古墳の周溝や竪穴住居跡が見つかっている。

予想もしなかったことは、奈良時代を中心とした掘立柱建物群や幅約三～三・五メートル、深さ約一～二メートルの大溝や延々とつづく幅約三～四メートル、深さ約三メートルの鎌倉時代以降の大溝等の遺構、蹄脚硯・大型朱彩土馬・緑釉陶器等の官衙や祭祀にかかわることが想定できるような特殊な遺物が出土したことである。これを受けて、民間の有志による呼びかけで遺跡見学会が再三にわたり開催されたほか、県内各地の有識者により「三重の自然と文化を守る会」が組織された。活動は、遺跡見学会のみに止まらず、講演会などを開催したことにより、斎宮の貴重な遺跡の保存と全容解明を求める声が日増しに高まっていった。

図9　範囲確認調査（1975年）

範囲確定調査

一九七三（昭和四十八）年度から地元明和町の協力を得て、県教育委員会が主体となり、遺跡範囲を確定する発掘調査が本格的に実施されることとなった。遺跡の範囲確認調査は幅は四メートルの溝掘りで、一九七三年度のAトレンチ（第六次）から一九七七（昭和五十二）年度のトレンチ（第一四次）、史跡指定後の一九七九（昭和五十四）年度の第二九次調査から一九八二（昭和五十七）年度の第四七次調査までの三九カ所で、総延長に直すと三・二キロに及んでいる。

一方、この時期には、一九七五（昭和五十）年の町道（通称・広域圏道路）の新設にともなう事前調査（第一〇次）が史跡東部の現在の竹神社東側で行われている。幅約七メートルで南北の総延長は約一・五キロに及ぶ調査で、大型の柱掘形や多数の溝・土坑等を検出した。また、一九七七年の斎宮小学校の校舎建設にともなう調査（第一五次）では、平安時代後期の四脚門を検出するなど、調査成果を積み重ねていった。

史跡指定の動きにともなって、史跡予定地内における住宅新築等にともなう事前調査も行われるようになった。一九七九年度からは明和町教育委員会を事業主体として、国庫補助事業として実施されるようになり、小規模な調査データの蓄積が行われている。

なお、史跡指定にともない、現況の字名などの確認も行われており、遺跡東部で「御館」、遺跡西部に「祓戸」・「花園」などかつて存在した斎宮との関係をうかがわせている。また、現況の農道などの方向は、遺跡西側では東で南に三〇度ほど、遺跡東部では東で北に四度前後振れており、遺跡中央部以東では、この農道は約百数十《メートル》の間隔で碁盤目状に存在することが地形図から読みとれる。

調査の成果

この期間に実施された調査から、遺跡西部の古里地区周辺には飛鳥時代から奈良時代および鎌倉時代以降の遺構・遺物が主として分布すること、現在の近鉄斎宮駅から「斎王の森」を中心とした地区ではおおむね平安時代中期以降の、さらに東部地区では奈良時代末から平安時代前期を主とした遺構・遺物の広がることが判明した。

調査方法

広大な遺跡の調査を継続的に行うための各種の基準がこの頃に定められている。遺構の実測方法は、正確な位置関係を確保するために、一九七三（昭和四十八）年に奈良国立文化財研究所の協力を得て、国土座標にもとづく基準点の設置を行い、第七次調査からは設置した基準点にもとづいて実測を行っている。また、調査区表示方法は南北道路で大地区を定め、

図10　史跡指定範囲と字名・史跡内の古墳

そのなかの字界、道路で中区画を、さらに田畑の筆で小区画をそれぞれアルファベットで表示する方法がとられた。この地区表示は、二〇〇二年に国土座標を基に一〇〇《メートル》単位で中地区、さらに中地区内を四《メートル》単位で区分し、数字とアルファベットによって小地区を表示する方法に変更されるまで使用されていた。

史跡指定範囲の確定

これらの蓄積された調査成果にもとづいて、東西約二《キロ》、南北約七〇〇《メートル》、約一三七・二《ヘクタール》に及ぶ史跡指定すべき範囲が確定された。

範囲確定作業と併行して地元住民との話し合いも継続して行われたが、指定による私権の制約について強い反対が表明され、合意に達するまでに、およそ三年を要した。この結果、一九七八(昭和五十三)年九月にようやく地元住民の大多数の同意を得ることができ、国へ指定申請書を提

図11　史跡のなかに建つ調査事務所

出、一九七九（昭和五十四）年三月二七日付で官報告示され、国史跡斎宮跡となったのである。

2　第二期（昭和五十四〜六十三年）

史跡の発掘調査・保存・出土品などを公開する拠点としての小展示室を併設した「三重県斎宮跡調査事務所」が一九七九（昭和五十四）年に開所されてから、「史跡斎宮跡」の調査・保護・公開・活用の拠点に止まらず、その情報発信の役割も包括した「斎宮歴史博物館」の開館までの時期で、発掘調査の上でも発展期といえる。

国の史跡指定を受けるとともに、史跡の管理は、町が中心となって策定した「保存管理計画」にもとづいて行われることになった。これにともなって史跡指定地の公有化事業が、国および県の補助を得て地元明和町が主体となって開始され、今日にいたっている。

指導委員会の設置

史跡指定後、斎宮跡の調査研究とその保護にあたり、三重県教育委員会は「斎宮跡調査研究指導委員会」を設置し、福山敏男（建築学）、服部貞蔵（史学）、久徳高文（文学）、坪井清足（考古学）、門脇禎二（古代史学）、楢崎彰一（陶磁器学）、渡辺寛（古代史学）各氏の関連学会の第一人者を指導委員として委嘱し、調査研究や保護のあり方について指導・助言を仰いだ。この委員会は、委員の交代があるものの、現在もつづいて開催されている。

計画調査

発掘調査は、一九七八（昭和五十三）年度の御館・柳原両地区につづいて面的な計画調査に移行し、年間三〜四カ所の面的調査とトレンチ調査を併用して実施した。これにより遺跡の解明は飛躍的に進展し、大型の柱掘形が集中する地域、規格的配置を示す建物群、方格地割の解明につながる一定間隔ごとに確認される溝や遺構の空白地域の存在など、斎宮跡を遺跡全体の視点からとらえる成果が多くあげられた。

この頃から方格地割は、溝地帯とこれに付随する遺構の希薄な地域が存在し、現代の地割を構成する水路や農道によく合致していることから、一定の法則にもとづく造営が行われたことが想定された。

当時、史跡東部では、百数十メートルを基調とした方格地割が東西に最大七列、南北四列の碁盤目状に存在することが想定されるようになった。また、墨書土器で、斎宮寮一三司を推定する手がかりが得られるなど、文献に記載された斎宮寮の所在場所がしだいに明らかとなった。

土器編年の確立

出土遺物の上でも緑釉陶器・陶硯・土馬・墨書土器といった遺

物にとどまらず、蓄積される夥しい土器をもとに一九八三（昭和五十八）年度「斎宮跡の土器」として公表し、以後長い間、斎宮跡の時期判定の基準となってきた。

史跡整備の開始　遺跡の活用の面では、土地公有化事業の進展にともない、その早急な利用を求める地域住民の要望に対応するため、一九八二（昭和五十七）・一九八三（同五十八）年度には、「斎王の森」周辺で、事前の発掘調査とその成果にもとづく掘立柱建物や井戸・区画溝などの遺構表示をともなう史跡整備を国庫補助事業として行った。

その完成を記念して、地元住民有志により組織された実行委員会が開催した「斎王まつり」は年々発展しつつづけられ、斎宮跡の保存・調査・活用と地域おこしの核となる大イベントとして定着している。また、発掘調査のなかで実施している現地説明会や、この頃に始められた小・中学生を対象とした体験発掘教室も、地味ながら「斎宮跡」への理解を深める役割を担っている。

3　第三期（平成元年～現在）

斎宮歴史博物館の開館により、発掘調査から判明した成果のみならず、斎宮に関連する文献などの資料収集や、斎宮に関する情報発信の場としての拠点が成立した時期である。

発掘調査では、中期的な計画により史跡東部の内院地区について集中的に解明を行い、その成果を「調査報告」として公表した。発掘調査を行った成果を報告書として公表し、整備を通して史跡の活用を行うという一連のサイクルが確定した時期ともいえる。

図12　博物館周辺（1991年、東から）

斎宮歴史博物館の開館

史跡西部の古里地区は、斎宮跡の所在解明の契機となる発掘調査が行われた場所で、早くから公有化されており、その有効な活用がのぞまれていた。そこに全国でも例を見ない史跡指定地内に所在するテーマ博物館として「斎宮歴史博物館」が建設されることとなり、一九八九（平成元）年十月にオープンした。建築にあたっては、事前に建設予定部分の発掘調査を実施し、砂締めをした上にベタ基礎工法により遺構の保護に努めた。

開館にあわせて周辺では、入館者のアクセス道路としての町道の新設や隣接する県道の拡幅事業が行われた。来場者への利便性を図る必要があったものの、これに連鎖して沿道の宅地化等リスクも少なからず生じた。実際、歴史の道周辺では開通に合わせ新たな住宅化が進んでおり、史跡の保護と住民の共存において課題が生じている。

中心部の解明

発掘調査は、史跡東部の通称中町地域とよばれる地域で重点的に実施されてきた。それまでの調査によって大型柱掘形の建物群、大規模な柵列の所在、夥しい量の土器が出土する土坑が集中して検出され、すでに昭和五十年代の半ばから、一時期の斎宮における中心地域と想定されている地域である。

この重点的な調査により、方格地割の東から三列目中央を南北に貫く区画間道路の存在、寮庫と推定されるその両側に配置された規格的な建物群、神殿と推定した西加座南地区西側の小区画柵列の一画、内院地区と推定される鍛冶山地区の大区画柵列とその内部の郭柵列の確認など、当該地域の解明は飛躍的な前進を遂げることができた。

八脚門の発見

近鉄線の南側は、現集落と重なっていることもあり、住宅新築を原因とする史跡現状変更にともなう小規模な発掘調査でしか遺構のデータを蓄積する方法はなかった。小規模な調査が多いため、当該地域の遺構の評価に重大な影響を与えるような検出例は少なかった。しかしながら、一九九三（平成五）年二月に実施した現状変更にともなう調査で、八脚門が確認され、方格地割の配列を考える上で重大な影響を与えることになった。このことから、土地は公有化されることとなり、八脚門の整備が実施された。

調査場所は、七列×四行と想定した方格地割の南西隅区画の南辺中央付近にあたる。付近では、それまでに小規模調査が数カ所で行われ、大型の柱掘形が散在することは知られていた。調査の結果、八脚門とこれに取り付く柵列が明らかになり、門や柵が位置的にも南西隅区画の南面中央の想定位置と合致することも確認され、周辺での調査を含めると掘立柱塀は四周をめぐることが判明した。このことから、方格地割は南辺においては、東西七列の配置となった。また、区画全体をめぐる柵列の所在は、内院推定区画の鍛冶山西区画、牛葉東区画についで三例目となる貴重な成果であった。

成立期の解明

平安時代の斎宮の範囲が判明してきた一方、飛鳥・奈良時代の斎宮は史跡西部に所在するとしか予想されていなかった。このため、史跡西南部に所在する飛鳥・奈良時代の斎宮の解明を目的として、二〇〇一（平成十三）年度から五カ年計画で幅四メートルのトレンチ調査を実施した。当該期の中心部範囲を絞り込んだ後、中心部の面的な解明を進めていくとともに、博物館周辺地域を含んだ飛鳥・奈良時代の調査成果を報告する予定である。

また、積年の調査成果の相関関係を押さえ、調査の進展とその検討を行う上で重要である地区設定は、二〇〇二年、設定をそれまでの地割りから旧国土座標により史跡全体を一〇〇メートル四方の中地区に分け、そのなかは四メートル四方を単位とした数字とアルファベットに変更した。なお、国土座標は二〇〇二年に世界測地系を取り入れた新座標に変更されたが、これまでの調査データとの整合性を考え、旧座標を継続的に使用することとなった。

整備事業地の調査

近鉄斎宮駅北側は「史跡の整備・活用ゾーン」として位置づけられ、整備事業が一九九六（平成八）年度から進められ、二〇〇一（平成十三）年度に完成している。

この整備にともない、遺構の状況把握のための発掘調査が一九九五（平成七）年から一九九九（平成十一）年にかけて行われた。その結果、斎宮跡は、西南から東北方向に向かって緩やかに傾斜していると考えられてきたが、整備地はやや窪んだ湿潤な場所に立地していることが判明した。この近鉄斎宮駅北側の一帯は掘立柱建物のあり方や区画設定の様相など、方格地割域における他の区画とは異なっており、近年まで畑地として耕作されてきた周辺にくらべて、水田となっていたような土地条件があり、斎宮の当時からすでに周辺とは違う土地利用の形態があったことが明らかになってきている。

4 調査における今後の課題

斎宮跡の発掘調査が着手（一九七〇年）されてからまもなく三五年、国の史跡に指定されて二五年余、調査研究や公開活用の拠点として建設された斎宮歴史博物館がオープンして一五余年が経過し、遺跡の実態解明や多くの人びとによる遺跡への理解は、地元をはじめ、関係者の努力によって着実に進んできた。

約五〇〇戸、二〇〇〇人の人びとが生活しているような史跡は他になく、遺跡の保存・解明と地域の住民生活との調和にもとづいた遺跡保護・活用・地域振興が最も重要な課題のひとつであるといえよう。

史跡東部の平安時代初め頃の内院については、二〇〇〇年度の「報告Ⅰ」で内院推定地の報告を行っているが、中院・外院など周辺地域については解明は進んでいない。また、成立期の斎宮や平安時代中期以降の斎宮についても現在の史跡指定範囲はもちろん、その周辺地域をも視野に入れた、所在解明のための調査が必要である。

さらに、現在の度会郡小俣町に所在する離宮院や赴任・退下の頓宮等の斎宮に関連する遺跡調査の実施についても、今後は斎宮跡の調査・研究を進めていく上での必要な課題としてあげられる。

Ⅳ　斎宮成立の背景について——発掘調査から判明した斎宮①

斎宮の発掘調査では、飛鳥時代からの遺構が継続して確認されており、記録に残る最初の斎王大来皇女が遣わされた時代から、斎宮が当地に設置されたことは間違いない。伊勢の地から離れた明和町になぜ斎宮が置かれたかは依然として不明のままであるが、斎宮成立の背景となる直前の古墳時代について斎宮を含めた周辺地域の状況を詳しく見てみよう。

古墳については、史跡内に残る塚山古墳群、史跡北側に位置する坂本古墳群などが、かつてから注目されていた。近年、史跡内の調査を始め、斎宮南側の金剛坂遺跡と重複する辰ノ口古墳群など、地下に埋没した古墳が確認されるようになった。また、集落跡は、大規模なものは検出されておらず、南側に広がる丘陵地帯で土師器を焼成した生産遺跡が多く確認されている。とくに北野遺跡は六世紀後半に出現し、八世紀まで土器焼成坑がつくられ、斎宮で使用される土師器は北野遺跡を含めた土師器生産遺跡から運ばれている。

1　周辺の古墳

塚山古墳群　史跡西部には塚山古墳群が存在し、墳丘の残る古墳が一七基、発掘調査で周溝の確認されたものを含めると四七基の古墳群となる。

一九四二（昭和十七）年、三重県史跡名勝天然記念物調査会委員であった鈴木敏雄は、斎宮開拓営団により多数の古墳群の破壊が予想されるため、塚山古墳群の現地調査を実施し『三重県多気郡斎宮村考古誌考』を著した。同書によれば、範囲は示していないものの、将来県の指定史跡にするべき古墳があるという記述が見られる。このような努力もあって、付図に記載された古墳二三基のうち、約半数以上の古墳が現在まで残された。

塚山古墳群の墳形は、四七基のうち円墳二一基（現存墳一六基）、方墳二二基、不明四基で、その規模は一〇《メートル》未満のもの一三基、一〇～一五《メートル》未満一六基、一五～二〇《メートル》未満九基、二〇《メートル》以上二基である。築造時期を判断できる古墳は少ないが、まず五世紀後半に塚山三、二七、三八号墳が造営されたと考えられ、これらは二〇《メートル》前後と規模的にも大きい。古墳を特定できないが、戦後の開墾時に塚山古墳群から出土したといわれる遺物がいくつか残されており、これらは七世紀を前後する時期の遺物で、古墳群の終末の時期を示していると思われる。

一号墳は博物館の西側に位置し、遺跡地図では径一五《メートル》、高さ一・七《メートル》の円墳であるとされていた。一九八七（昭和六十二）年の第七二―三次調査で、トレンチ八本を設けて規模を確認した結果、周溝内側の肩の線を検出し、径二一《メートル》の円墳と判明した。整備は植生を生かし崩れた箇所を復原して、裾まわりには列石をめぐらして円墳であることを明示した。

二号墳は博物館の正面に位置する。径三一メートル、高さ二・四メートルの円墳とされていた。八本のトレンチを設定して調査を実施し、一辺一八メートルの方墳で、周溝も幅五～五・五メートル、深さ一メートルの規模であることが判明した。博物館建設にともなって、墳丘は基底面を一八メートル四方、上面を八メートル四方、高さは三メートルに復原して芝貼りを行い、周溝部分には栗石を敷き詰めて表示した。

史跡内の古墳

塚山古墳群とは別に、さらに史跡東部の調査で、墳丘が削平された一六基の古墳を確認している。そのうち九基の古墳は現在の塚山古墳群から東方で確認されており、旧地形を復原すると東方に舌状に延びる微高地に立地している。残りの七基は塚山古墳群から東南方向の斎宮小学校周辺で検出されている。塚山古墳群と標高がほぼ同じであり、南東に延びる支群として位置づけられる古墳群である。一六基の古墳の年代は、遺物が少ないこともあり断定はできないが、六～七世紀の後期古墳と考えられる。

坂本古墳群

史跡斎宮跡の北側三〇〇メートルに存在する古墳群で、現在六基の古墳が残っている。一九四二（昭和十七）年、地元の人びとが百八塚とよんだ多数の古墳が密集した地域では、斎宮開拓営団によって開墾が進行していた。同年の鈴木敏雄の調査による『三重県多気郡上御糸村考古誌考』によると、二群の古墳群が確認され、坂本近郊古墳北群（現坂本古墳群）が二四基、同古墳南群三〇基であるとしている。鈴木は調査時点での委員としての立場から営団関係者と古墳の保存方法を協議しており、将来県の指定とするべき範囲を三カ所示した。その後、県指定

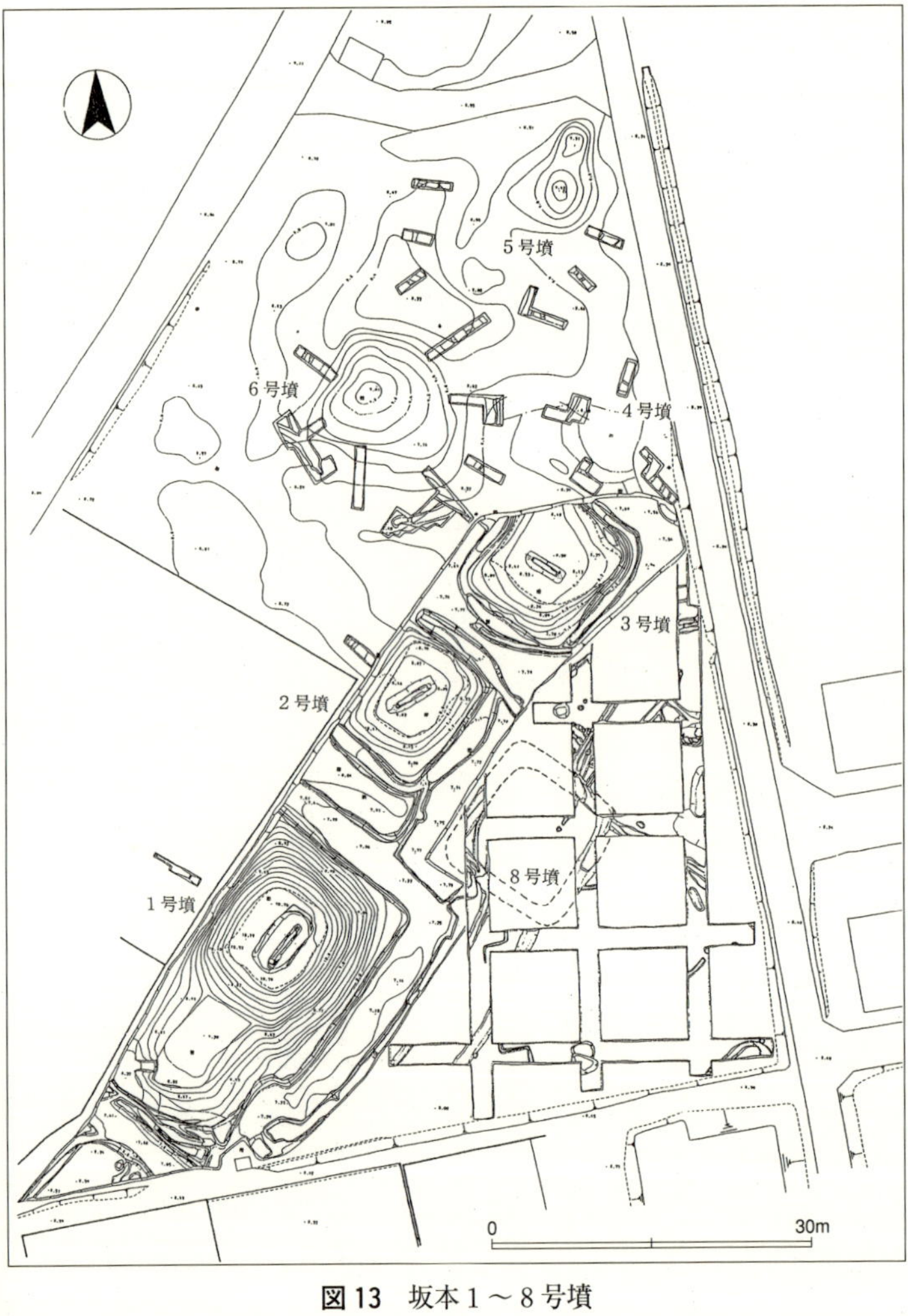

図 13　坂本 1 ～ 8 号墳

はされなかったものの、その一カ所が現在残っている古墳群で、鈴木の保存に果たした役割は評価されるべきものであろう。

　規模の詳細が記録されているのは一、二、八、四六号墳のみで、ほかは小型の円墳が多く目を引かなかったようである。一、八号墳は前方後円墳で、一号墳は全長三四メートル、高さ四メートル、八号墳は全長二〇メートルあまり、墳丘の大半は削平され、金環、鉄刀片、須恵器が出土したと記す。

　現存する古墳は、一九六九（昭和四十四）年に三重大学原始古代史部会に所属する学生によって測量調査が行われ、一号墳は全長三一・四メートルの前方後方墳、二、三号墳は一辺一四メートルと一〇メートルの方墳であることが確認された。

　一九九五（平成七）年、一～三号墳の所在する山林の土地開発が進行したため、明和町が事前の発掘調査を行い、調査結果を基に再協議することとなった。平成七年度は墳丘測量と試掘を行い、翌年は墳丘と周溝の調査、一九九七（平成九）年度には埋葬施設を、一九九八（平成十）年度は現存六基以外の古墳の確認調査を行った。

　調査の結果、現存する六基の古墳は、前方後方墳を含む七世紀前半代の方墳群として、県下でもめずらしく、しかも金銅装頭椎太刀を副葬することから、価値ある古墳群として一九九六（平成八）年度以降現状保存の方向で検討がなされ、二〇〇五（平成十六）年一月に一～四、六号墳が県指定史跡となった。

　六基の古墳は、遺物から見て七世紀前半と判断でき、墳丘は円墳ではなく方墳を取り入れ、さらに前方後方墳の主軸方向に方墳の方向を揃えている点など造墓にあたって計画性をうかがうことができる。この主軸の方向は斎宮の史跡西部で検出された奈良時代の古道から分岐する道路の方向と

図14　坂本１号墳

もほぼ合うことも興味深い。

坂本一号墳　調査で判明した前方後方墳の規模は、全長三一・二メートル、前方部の長さ一一メートル、同高さ二・六、後方部の長さ二〇・二メートル、同幅一九メートル、同高さ四・六メートルである。周溝は西側は調査区外であるが、幅四〜四・五メートル、深さ〇・六メートルのものがめぐる。

後方部中央に長さ六メートル、幅三・五メートルの隅丸長方形の墓壙が検出され、内側に長さ三・二メートルの割竹形木棺の痕跡が確認できた。棺跡内の西側壁際に金銅装頭椎太刀、東側壁際には直刀が副葬され、須恵器横瓶・堤瓶は北東の棺跡端、𤭯は直刀上で出土しており、棺の外側に副葬されたものと考えられ、七世紀前半の須恵器と考えられる。

これらのうち特に貴重な遺物は、長さ一〇五センチの金銅装頭椎太刀である。頭椎といわれる卵を倒した形の柄頭は金銅製で、紐をかけ通す孔が貫通している。柄頭と鐔の間に銀線を巻き付け鞘口・鞘間・鞘尻の三カ所には筒状の金銅装金具を被せている。鞘は栃を使用し、それに漆を三回重ね塗りした上に皮を貼り、金具を装着している。

県下の前方後方墳は、一志郡嬉野町（現松阪市）に古墳時代前期に属する四基が集中して存在するが、七世紀前半に前方後方墳が造営されること自体めずらしい。金銅装頭椎太刀は、鞘や柄の拵えの高度な技術から見ても在地で制作できる代物ではなく、中央を通じて在地の有力者がなんらかの契機で手に入れたか、あるいはそうした太刀を用いることのでき得る人が在地にもたらしたと考えられ、斎宮の成立との関係から興味深い。

2　土器焼成坑の確認

斎宮の南側に広がる丘陵地帯には、土師器を焼いた土器焼成坑が多数見つかっている。奈良時代を中心とし、平面の形は長辺が二㍍ほどの二等辺三角形で、壁面がほぼ垂直に落ち込み、火を受けたため壁面が赤色化している。上屋構造は不明であるが、廃棄された焼成坑内からは、覆い屋根材の粘土材等が出土せず、穴窯のように粘土などの構築物で覆った構造ではなく、木材などで覆った簡易な構造であることが想像される。

一九七六（昭和五十）年に水池土器製作所遺跡が確認され、当時としては類を見ない生産遺跡として国の史跡に指定された。その後、発掘調査が進むにつれ、同様の土器焼成坑が検出されるようになり、現在、明和町内で一五遺跡、約三〇〇基以上が確認されている。近年は四日市市でも確認されるようになり、県外でも検出される例が増加している。

現在の伊勢神宮で使用される土師器類は明和町

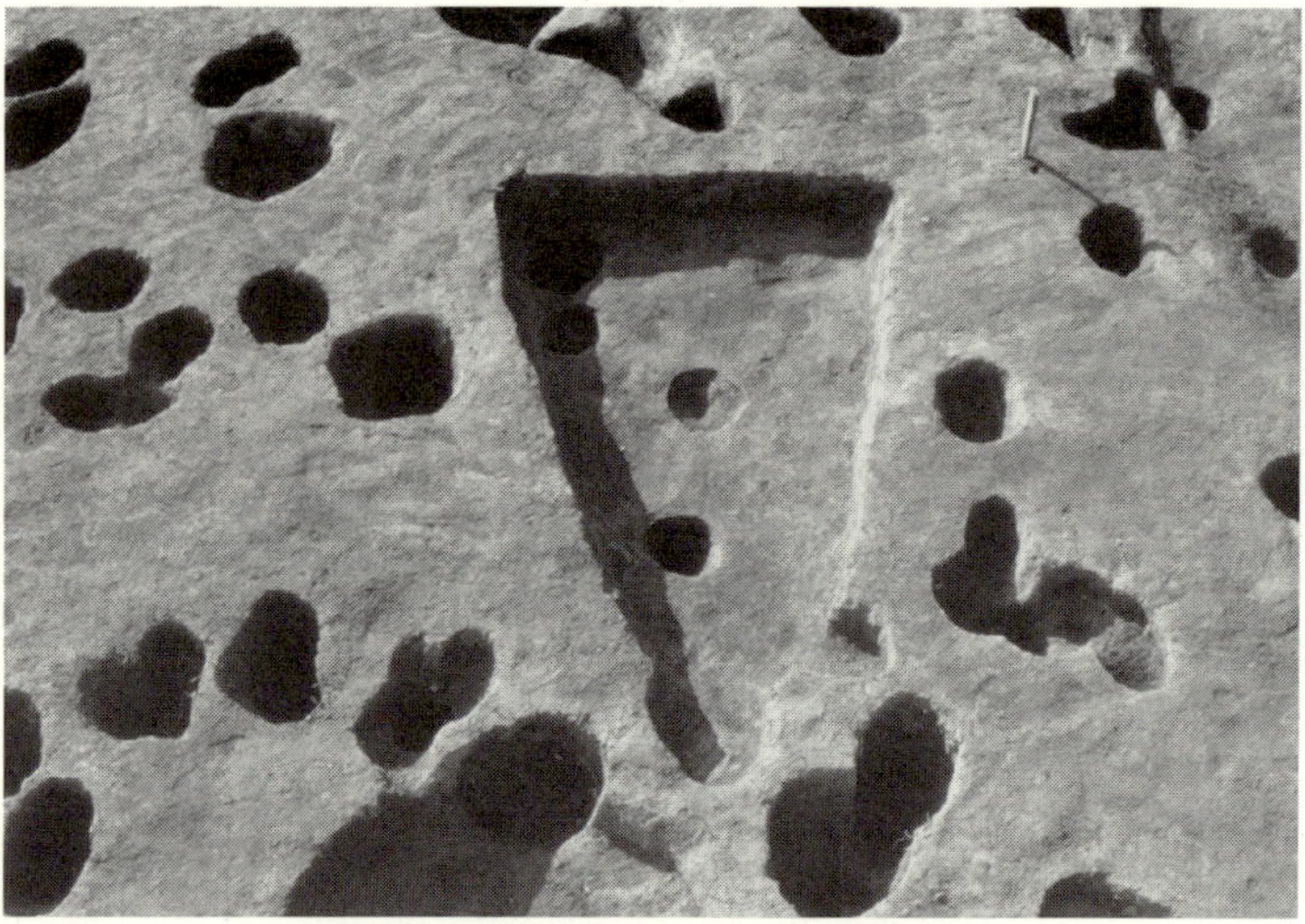

図 15　斎宮跡検出土器焼成坑（第 27 次）

内にある神宮土器製作所で製作されている。この関係は古代までさかのぼると考えられ、土師器焼成坑で焼かれた土器類と斎宮の関係は深いが、この関係だけでは、解決できない問題点もいくつか浮かんできている。

土師器焼成坑で大量につくられた土師器の供給先を、奈良時代では斎宮であると想定することができる。しかし、二二五基が確認されている北野遺跡では、その初現が六世紀中頃で、この時期の供給先については不明な点が多い。また、土器焼成坑の土師器生産の中心は奈良時代で、平安時代になると、土器焼成坑はほとんど検出されなくなる。この傾向は他の土器焼成坑が検出された遺跡でも同様である。その後は平安時代後期になるとふたたび出現するなど解明されるべき課題は多い。

平安時代前期に、斎宮では多量に土器が廃棄される土坑が顕著となっており、平安時代の斎宮に土師器を供給した生産地の所在は謎として残っている。

水池土器製作所遺跡

斎宮から東南東方向約二キロの位置に所在する。一九七三（昭和四十八）年、民間開発が計画され、周辺に黒土遺跡という周知の遺跡があることから試掘調査が行われた。表土を除去したところ、遺物片が散見できたことから初めて遺跡と判断され、字名をとって水池遺跡とよぶことになった。明和町によって、発掘調査が行われたのは一九七六（昭和五十一）年である。

同年七月二十日に調査が開始され、一五〇〇平方メートルほど調査が進んだ八月下旬には、遺跡の全体像を把握できるようになった。当時としては土師器を焼成する窯はほとんど見つかっておらず、ここに全国的に類を見ない土師器を焼成した工房跡が確認された。十月には文化庁調査官の視察を得て、国史跡に指定する具体的な協議が開始され、一九七七（昭和五十二）年七月、周辺の地域を含めて九九三一平方メートルが国史跡に指定された。その後、一九八三（昭和五十八）～一九八五（昭和六十）年にかけて史跡整備を実施し、発掘調査で確認した土師器焼成坑一六基、掘立柱建物四棟、竪穴住居三棟、粘土溜二カ所、溝などを表示した。

北野遺跡

斎宮跡の南東方向五〇〇メートルの微高地上に位置し、南北九二〇メートル、東西五四〇メートルの範囲に広がる遺跡である。県営ほ場整備事業にともない、一九九〇（平成二）年から一九九五（平成七）年までに五回の調査が実施された。

調査の結果、六世紀中頃から八世紀後半までの土師器を焼成した土師器焼成坑二二五基のほか、土師器制作にともなう粘土溜、掘立柱建物、竪穴住居、廃棄土壙などを検出した。全国的にも、これだけ多数の土器焼成坑が検出されたのは初めてであったが、ほ場整備事業にともなって遺跡は消滅した。

出土した遺物のなかには、都城の土師器を模倣した精製土器の生産も少数ながら含まれている。飛鳥時代がその生産の初現と考えられ、これらの土器が出土する土器焼成坑は北野遺跡でも二カ所ほどでしかなく、精製土器は区別して焼成された可能性が高い。

V　斎宮の成立――発掘調査から判明した斎宮②

1　斎宮の成立とは

豊鉏入姫から酢香手姫までの九代は伝説上の斎王と考えられ、大来皇女が六七三（天武二）年伊勢に派遣されたのが実存の斎王の初現とされている。この後、文武天皇の代（六九七～七〇七年）で二名、元明天皇の代（七〇七～七一五年）で実在が確認されていない斎王三名を含めて四名、元正天皇の代（七一五～七二四年）に一名と、元明天皇から元正天皇の代にかけて、在任期間は不明であるが一名が斎王として派遣されていることが文献から判明している。

初めの頃の斎宮の組織については文献史料に記載がなく不明だが、奈良時代中期の七四五年には斎宮寮としての組織が整ってきたことが明らかとなっている。

飛鳥時代には、唐の律令制度をもとに日本でも中央集権的な国家が誕生した。飛鳥時代の初頭、大王の居所である宮は奈良県の飛鳥地域内でいくつか移動し、その後藤原京として完成を見たのは天武天皇から持統天皇の御代である。藤原京の形が整ってくる頃に、全国各地の地方を治める地方組織（地方官衙）の整備も進む。

全国的な地方の施設整備という一連の動きのなかで、斎宮の施設造営も計画的に施工されたと推定できる。

発掘調査で確認された全国の地方官衙で、現在の郡に相当する地域を治める郡衙の建物は飛鳥時代の頃から認められているのに対して、現在の県に相当する地域を治める国衙の建物は奈良時代前半から中頃からと時期が若干下がる。これら郡衙、国衙を含めた地方官衙の施設を特徴付けることは、建物群が計画的に配置されて造営されていることである。これらは、当時の最先端の造営技術でつくられた都をもとに造営されたと思われる。

建物などの建設には、唐の制度に倣って小尺といわれる尺を使用していることがわかっている。飛鳥時代から奈良時代の初めにかけては小尺の一・二倍の令大尺といわれる尺も使われていたが、七一三（和銅六）年に小尺へと単位が統一された。この頃の平城京では、発掘調査で出土した物差しや建物の柱間寸法から、平均的な一尺は二九・六《セン》《チ》であったことが算出されている。また、平安京の平均的な一尺は二九・八《セン》《チ》となり、時代によって一尺は若干の差異が認められる。斎宮跡の発掘調査では、史跡東部の方格地割の造営尺として一尺二九・六《セン》《チ》という数字を算出しているが、飛鳥・奈良時代の尺については遺構が不明なため今後の検討課題である。

地方官衙の中枢部の施設は、外周を掘立柱塀などで方形にめぐらし、正殿とよぶ東西方向の掘立柱建物を中心に、その前方に南北方向の脇殿とよぶ掘立柱建物を数棟配置する。この掘立柱塀によって囲まれた範囲は一定ではないが、一辺百《メー》《トル》

前後の規模であることが判明している。掘立柱建物等の方位は、郡衙などの地方官衙では、飛鳥時代には北に対して角度が数十度振れていたものが、奈良時代前半頃になると真北の方位をとることが多くなる。国衙でも掘立柱建物の方向は、ほぼ真北の方位をとるなど、全国的に施設設計の基本となる方位基準も決められていたようである。しかし、地形や等高線の斜方向に建物方位を合わせた例や、全国を結ぶ官道に掘立柱建物の方位を合わせた例もわずかであるが確認されており、設計のあり方は一様ではなかったようである。

出土した遺物を見ると、斎宮跡でも出土しているような金属器を模倣した土器群や、三彩陶器、羊形硯・綿脚硯・円面硯などの硯類、新たにつくられた貨幣や都の祭祀で使われた土馬をはじめとする祭祀遺物など、それまでの古墳時代には見られないものが出土するようになる。

このような飛鳥・奈良時代に計画的に造営された建物群の遺構や、都で使われた遺物と同じ形態の遺物が見られることで、斎宮の成立期をも確認することができるといえよう。

成立期に関係する掘立柱建物や掘立柱塀は、史跡西部で数棟確認されている。これにより飛鳥時代から奈良時代にかけての成立期斎宮が史跡内に位置することは間違いないが、明確な範囲はまだ確定されていない。

なお、斎宮の成立期である飛鳥時代から奈良時代に該当する遺構は、斎宮の周辺地域では、北野遺跡、戸峯Ａ・Ｂ遺跡、水池土器制作遺跡など、土師器を焼成した生産遺跡しか発掘調査で確認されていない。

今後の発掘調査で飛鳥時代から奈良時代にかけて計画的に造営された遺構群が周辺でも確認される可能性があるが、規模的に見て斎宮の史跡内にその所在を想定することが、現在のところ、妥当であると考えられる。斎宮が史跡内に存在するとしても、なぜ伊勢神宮から遠く離れたこの地に斎王の居住する場所を置かなければならなかったかについては、明確な答えは出ていない。

2　斎宮造営のひとつの試案

次に、斎宮の成立期における、史跡内の遺構の分布する傾向について、現在までに判明していることを記述する。

地方官衙の成立・発展にともなって、国が敷設する官道の整備も進んでいった。この官道が史跡内でも検出され、通称「古道」とよぶ道路遺構である。この古道は、旧竹神社跡地北側から博物館の南側を迂回するようにまわり込み、塚山古墳群の南側を通って西南西の方向に延びている。側溝の調査結果から飛鳥時代頃に掘削されて、奈良時代後半には埋没しているようである。この古道の詳細は後で述べる。

塚山古墳群には墳丘の残る古墳が数基現存する。このことは、古墳が造営されてから土地の再利用が行われなかったことを意味し、斎宮歴史博物館周辺の一七基の古墳のある地域は斎宮の造営後も利用されていないことになる。

塚山古墳群東側に隣接する第六五—一次調査では、墳丘の削平された円墳の周溝が確認され、周溝から奈良時代前半の遺物が出土した。さらに「斎王の森」の西北で四基、斎宮小学校周辺の調査では七基の削平された古墳が確認され、これらの周溝から飛鳥～奈良時代の遺物が出土している。これ以外の地域の調査でも古墳の痕跡が確認されており、周溝から奈良時代前半頃の遺物、とくに須恵器の長頸壺が出土することが多い。

発掘調査時にこれらの周溝は奈良時代の円形・方形周溝であると報告してきたが、周溝から出土する遺物は、人為的に埋められた際のものと考えると、周溝の形態から見て、古墳と考えるのが妥当である。古墳の周溝から、築造時の遺物がほとんど出土しないため、時代は限定できない。

奈良時代の遺物が出土するということを考える上で興味深い事柄が『続日本記』に記述されている。

和銅二（七〇九）年十月十一日　勅《みことのり》したまはく、「造平城京司《ぞうへいぜいけいし》、若《も》し彼《か》の墳隴《つか》、発《あば》き掘《ほ》られれば、随即《すなはち》埋み斂《をさ》めて、露《あらは》し棄《す》てしむること勿《なか》れ。普《あまね》く祭酹《さいらい》を加えて、幽魂《いうこん》を慰《なぐ》めよ」

とのたまう。

このように奈良の平城京を造成する際に、古墳を破壊したことがわかったとき、そのままにせず、ていねいに埋葬するようにと記載されており、古墳が先祖の墓であることを当時の人びとは意識していたことがわかる。斎宮でも同様であったと想像でき、広範囲に点在していた塚山古墳群は、奈良時代前半頃に施設を拡大造成するため、須恵器の長頸壺などを埋納するような祭祀を行って破壊された可能性が高いと考えられる。

塚山古墳群東側の状況

成立期斎宮の施設を拡大して造成していったことに関して、塚山古墳群東北部の出在家・篠林地区で興味深い調査例が判明している。出在家地区では、真北の方位をとる総柱建物や大型の掘立柱建物が見つかっている。建物の時期は、限定できないが奈良時代頃と思われる。篠林地区では、博物館前につづく「歴史の道」北側の現状変更にともなう第六四―二次調査で総柱建物二棟を確認している。また、大型の掘立柱建物は、第六四―二次調査区の北側で史跡の境界近く第一四二―四次調査で検出した。この調査で、南北二間×東西二間以上の身舎に北・西・南に柱間二・四メートル《メートル》の庇が付く東西棟建物が確認されている。建物の棟方向は真北の方位をとるもので、東側が調査区の外で規模は判明しないが四面に庇が付く大型建物になると考えられる。

調査例が少ないため、性格は不明であるが、このような建物が確認されることを考えると、斎宮内でも重要な位置を占める地域である可能性は高い。また、「歴史の道」南側の塚山古墳群東隣で行った第六五―一次調査では、方位が北で東に四度振れるもの一棟、北で東に十三度振れるもの二棟と方位が若干異なる総柱建物三棟を検出している。建物の北側では古墳が破壊されており、史跡西部に置かれていた飛鳥・奈良時代の施設が拡大されるにともなって、倉庫群などを増設していった地域と考えられる。

史跡西部北側の斎宮歴史博物館周辺の状況

史跡西部北側の斎宮歴史博物館周辺では、斎宮跡が史跡に指定される要因となった一九七〇（昭和四十五）年から一九七三（四十八）年の古里地区の発掘調査が行われたほか、博物館建設にともなった調査が実施されている。これらの調査で東西方向の古道から分岐した南北道路が確認され、北で東に約四〇度振れており、坂本古墳群へと延びていくことが想定される。南北道路は博物館建物下の調査で、路面に奈良時代後半の土器棺が確認され、その頃には道路としての役目を終えていたようである。

竪穴住居は飛鳥時代一〇棟、奈良時代約九〇棟、掘立柱建物は飛鳥時代三棟、奈良時代一〇〇棟近くを検出している。掘立柱建物の方向は、真北方向のものはほとんどなく、地形の傾斜に沿うようなものが大半である。第四次（古里C地区）

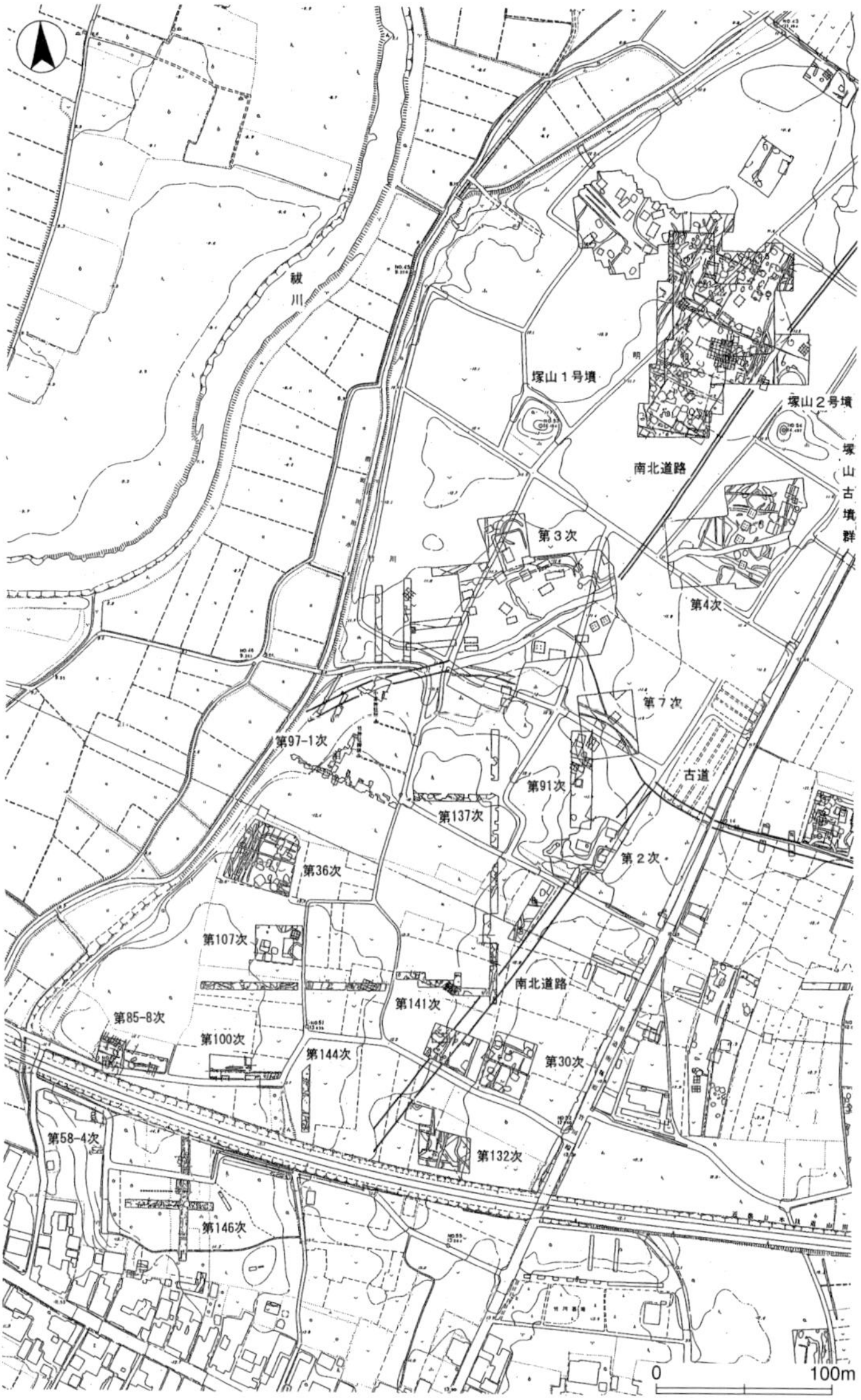
祓川
塚山１号墳
塚山２号墳
塚山古墳群
南北道路
第３次
第4次
第７次
古道
第97-1次
第91次
第137次
第２次
第36次
第107次
南北道路
第141次
第85-8次
第100次
第144次
第30次
第58-4次
第132次
第146次
0
100m

図16　史跡西部の状況

調査では、総柱建物四棟や掘立柱建物四棟など配置に規則性が認められるものも一部確認できるが、当地域の全体的な土地利用や建物配置の計画性は認められない。

また、塚山古墳群の一、二号墳は、墳丘を残しており、当地域は古墳群を全面的に削平せず、部分的な利用に止まったものと考えられる。このように計画的に配置された遺構群とは考え難く、成立期斎宮の施設に関係する建物群とするならば、郡衙のところで述べたように方位にのる建物が出現する以前の、地形に左右される方向をとる時期の建物群とも考えられる。

史跡西南部（中垣内地区）の状況

史跡西南部は中垣内地区に相当し、地形から見ると史跡内でも最も標高の高い場所を占めている。現在の地形を見ると、台地西端の近鉄線のあたりが最も高く、東北の方向に向かって緩やかに傾斜している。そこには弥生時代の竪穴住居や方形周溝墓などが確認され、古くから生活に適していた場所であった。

この生活に適した地域からは、後述するように第三〇次調査で三彩陶器壺、第九一次調査では羊形硯など、奈良の都で出土しても遜色のない遺物が出土していること、周辺でも飛鳥・奈良時代の掘立柱建物や掘立柱塀の一部が確認されていることから、成立期の斎宮に関係する施設が置かれていた地区と想定されている。

斎宮成立期の建物

飛鳥・奈良時代の成立期斎宮の所在する地域は、史跡西部の南側で、東西方向に延びる古道南側の中垣内地区である。

二〇〇一（平成十三）年度から成立期斎宮の範囲確認調査を実施してきているが、二〇〇三（平成十五）年の第一四一次調査で重要な発見があっ

図 17　道路遺構（第 141 次）

た。この調査で確認した斜行溝は、北側に位置する第二次（古里A地区）調査区から、南側に位置する第三〇次調査、さらに南の近鉄線の北側で行った第一三二次調査区で検出した斜行溝と一連の溝であることが判明した。また、この斜行溝は平行して二条検出し、幅八メートルほどの道路の両側溝と想定できた。溝の埋土から出土する土器が少ないため、道路が使用されなくなったのは奈良時代以降としかわからなかった。方位は北で東に四〇度振れるもので、北側にある東西方向の古道に接続するようであるが、近鉄線の南側では調査事例が少ないため、南側がどこまで延びるかは不明である。

　この道路の発見によって、史跡西南部では道路と一体となって施設を配置したという計画的な造営の可能性が高まった。道路の東側では飛鳥・奈良時代の掘立柱建物がほとんど検出されていない

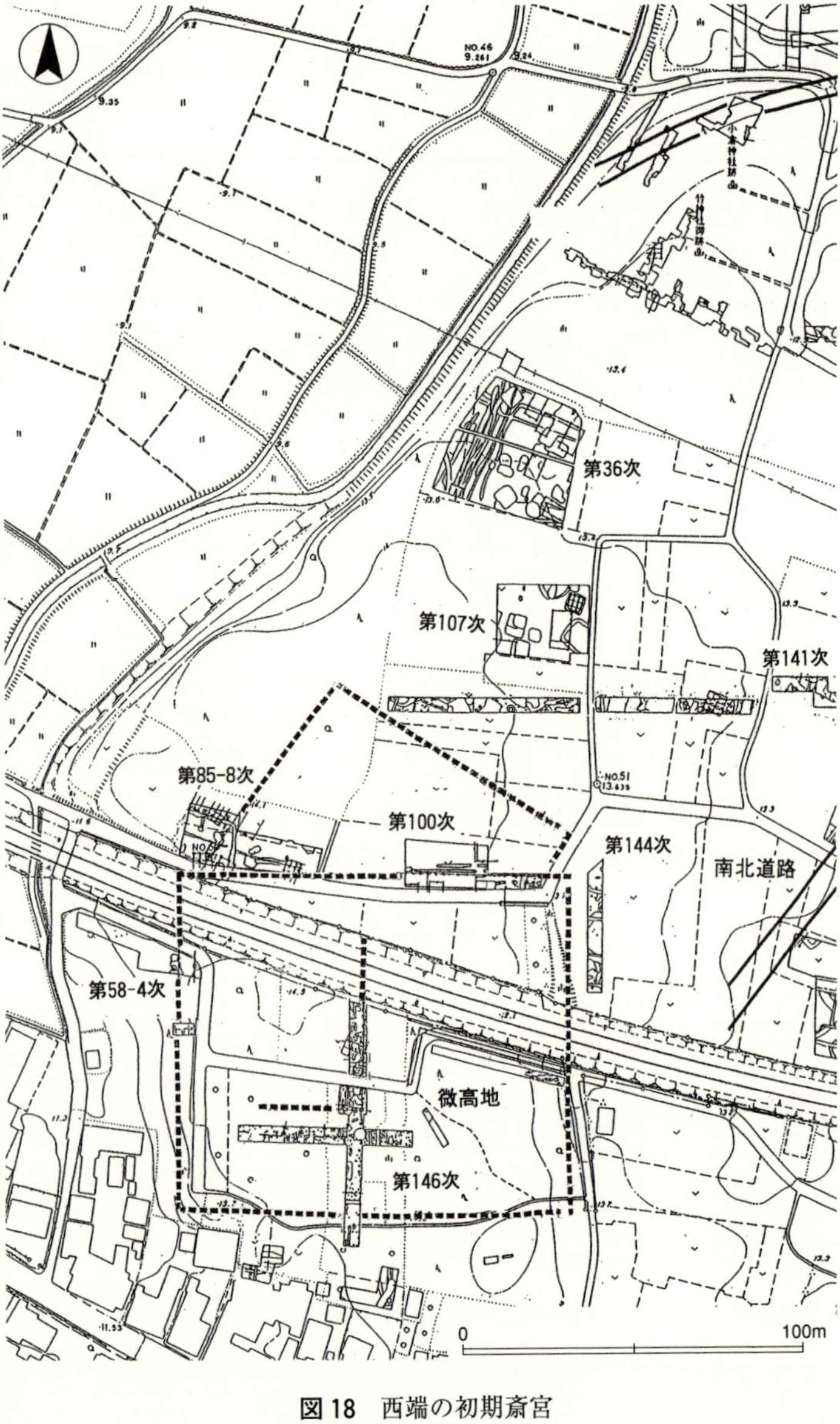
第36次
第107次
第141次
第85-8次
第100次
第144次
南北道路
第58-4次
微高地
第146次
0
100m

図 18　西端の初期斎宮

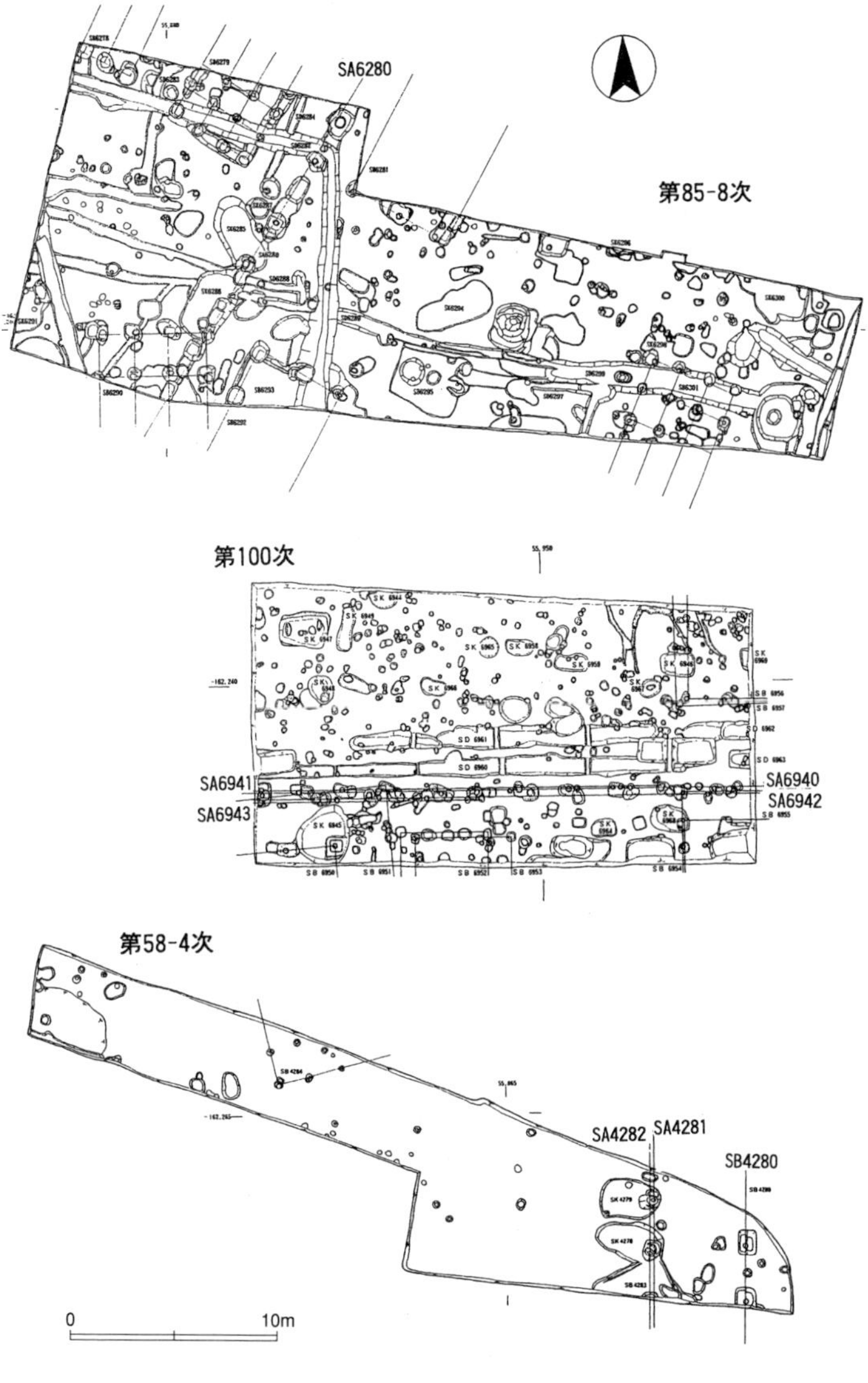

図 19　初期斎宮の遺構（1）

ため、成立期斎宮の東側を画する外周道路の可能性が高いと考える。

　発掘調査で確認された施設を区画する掘立柱塀については、奈良時代後期に成立した史跡東部の方格地割を除き、奈良時代までさかのぼる掘立柱塀は史跡西南部の標高が最も高い近鉄線を挟んだ地域（近鉄線北側にある第八五―八次・一〇〇次調査区と南側にある第五八―四次調査区）において確認している。この掘立柱塀の方向は、第八五―八次調査で東に三三度振れるものが一条ある以外は、四条がほぼ真北方向である。

　第八五―八次調査で確認した掘立柱塀ＳＡ六二八〇の柱掘形は、一柱分ずつ掘削せず、溝状に掘削するいわゆる「布掘り」といわれる柱掘形であり、平面形で見ると、二本の柱を埋めるために掘削しているようである。二本の柱穴をまとめて掘削する「布掘り」は、斎宮跡内では奈良時代の総柱建物の柱掘形に類例の多い掘削方法であるが、掘立柱塀での「布掘り」使用例はこれのみである。調査概要によれば、掘立柱塀の時期は、遺物はあまり出土していないが飛鳥時代の遺構とし、さらに西側でも同様の方向をもつ掘立柱建物を確認し、これも同時期としている。斜行する掘立柱塀から西側の台地縁辺斜面までは、施設の置くことができる平坦地が三〇メートルほどの距離しかなく、大規模な施設を想定することは困難であり、東側に施設を考えざるを得ない。この掘立柱塀の東側九〇メートルの位置には、同じ方向に折れ曲がる農道が一部存在していることを重視すると、この範囲に斜行する区画施設が存在したとも想定できる。

　真北方向をとる掘立柱塀のうち、東西方向に並ぶものは近鉄線北側の第一〇〇次調査で検出し、奈良時代前期の範疇で、ほぼ同位置で掘立柱塀ＳＡ六九四〇～六九四三の四回建て替えを行っているのを確認している。二〇〇四（平成十六）年に実施した東接する第一四三次調査でも掘立柱塀のつづきを確認しているが、建て替え回数や時期については第一〇〇次調査成果と異なる点もあって、検討課題として残っている。

真北方向の掘立柱塀のうち、南北方向の掘立柱塀は近鉄線南側の台地縁辺部で行った第五八―四次調査で二条の掘立柱塀ＳＡ四二八一・四二八二を検出している。その方向は北で東に二度ほど振れるもので、時期は飛鳥時代の可能性が高いが、幅の狭い調査区でそれぞれ二間と三間分を確認したのみで、時期・方向については再検討の必要がある。

これら真北の方向をとる掘立柱塀は、標高一四《メートル》と史跡内の台地の最高位の場所に所在する。また、西の区画を画する掘立柱塀を第五八―四次調査で確認したものとし、北端を第一〇〇次調査の掘立柱塀とすると、一〇〇《メートル》前後の方形の区画が存在することが現地形から想定でき、成立期斎宮の施設が存在した可能性が高い。この推定は、今後に実施する範囲確認調査のなかで明らかになっていくことであろう。

中垣内地区で検出した掘立柱建物は、飛鳥時代一棟、奈良時代が六〇棟ほどある。これらの建物の方向は、真北に対して東と西に〇～五度程度の範囲に収まる振れで、大きくとらえてほぼ真北方向ととれるものと地形の傾斜に合わせた三〇～四〇度ほど振れる斜方向をとれるものの二種類に分けられる。方向の異なる二群の建物については、詳細な時期決定が困難なことや全貌の判明している建物数が少ないこともあり、その配置や変遷を検討するところまでいたっていない。

掘立柱建物の時期については、柱掘形から出土する遺物などが判断材料となるが、出土量の少な

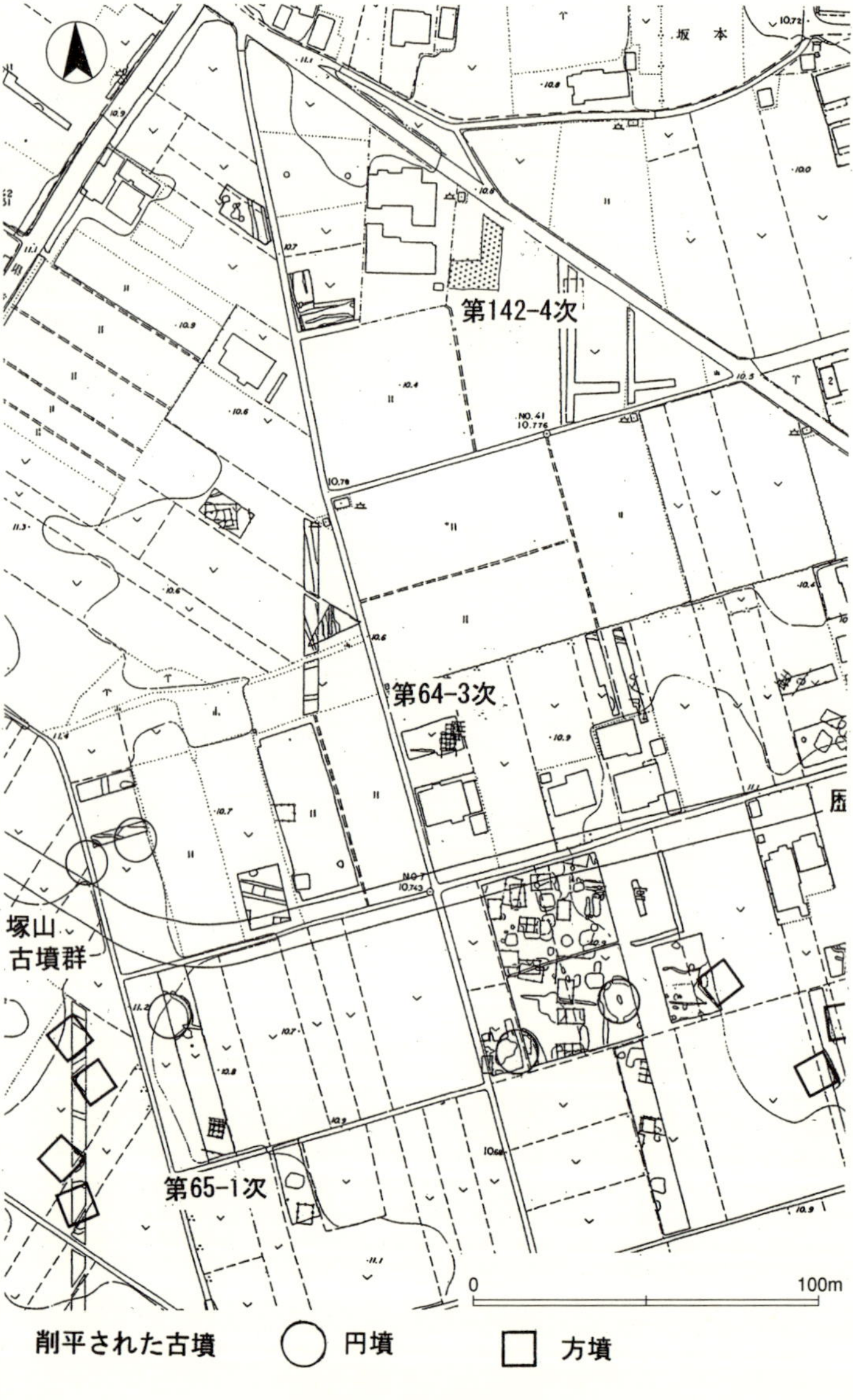

坂　本
第142-4次
第64-3次
塚山
古墳群
第65-1次
0
100m
削平された古墳
円墳
方墳

図 20　中央北側の状況

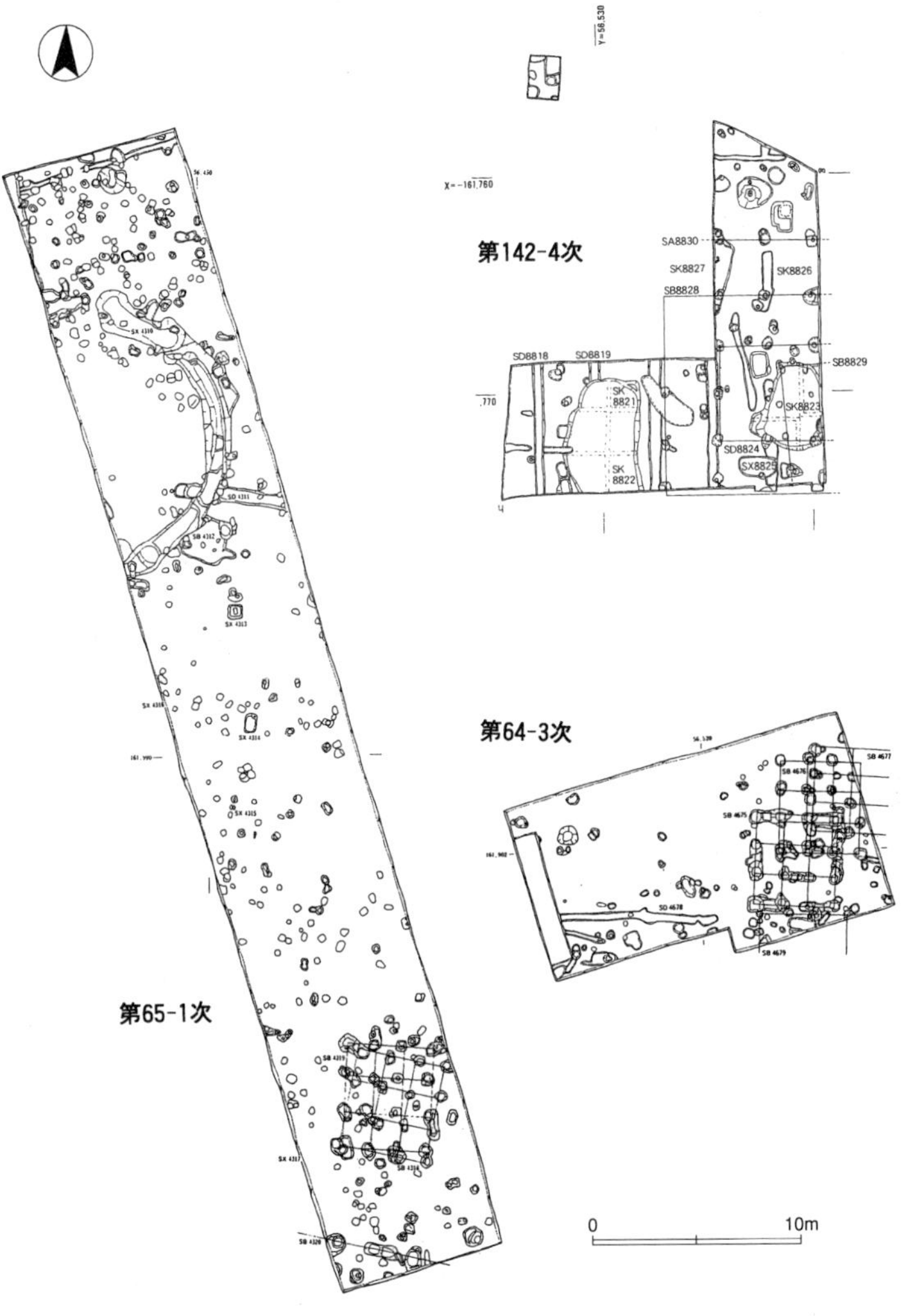

図 21　初期斎宮の遺構（2）

図22　掘立柱塀（第146次）

いこともあって、これまでに報告してきた建物の年代については再検討が必要である。また、掘立柱建物と同時に飛鳥・奈良時代の竪穴住居も多数検出している。計画性をもって建てられた掘立柱建物群と同時に存在した竪穴住居群との関係もあわせて考えなければならない課題である。

斜方向の施設から真北方向の施設へと移り変わるという全国的な傾向を見ると、方向の異なる二群の建物群は真北方向の建物群が新しい可能性がある。また、前述した史跡西南部で見つかった南北道路は北で東に四〇度振れるのに対して、掘立柱塀は三三度とその数値が若干異なっている。方位の異なることを時期差と考えるならば、飛鳥時代から奈良時代には、方位の異なる施設群が数度にわたって建てられたと考えられる。いずれにしても、飛鳥・奈良時代の成立期の斎宮について、本格的な発掘調査による解明は緒についたばかりで、検討課題は多く残っている。

なお、二〇〇五（平成十七）年に近鉄線南側で実施された第一四六次調査では、約一〇〇メートル四方の微高地をさらに小区画に分ける掘立柱塀が検出された。掘立柱塀は南北に一三間、東西三間が確認されており、西端の掘立柱塀四二八一・四二八二から東約五〇メートルの位置となる。また、この掘立柱塀と重複する斜行方向の掘立柱建物を確認しており、斜行方向の掘立柱建物が古いことが判明した。掘立柱塀の時期や性格については検討を行っているところで、詳細は二〇〇六年に刊行される調査概報に譲る。いずれにしても、周辺に初期斎宮の計画的な施設が存在することは、第一四六次調査の結果から明らかとなった。

3　計画的な直線道路について

官道

斎宮が成立した頃、律令などの法体系を整えるとともに、道路網についても諸規定が定められた。その具体的な内容については、七一八（養老二）年成立の『養老令』や平安時代にまとめられたその注釈書である『令義解』・『令集解』、また九〇五（延喜五）年にまとめられた律令の施行細則である式を集大成した『延喜式』から知ることができる。これらによると、東海道など都を中心に諸国の国衙を結ぶ七つの官道には三〇里に駅家の設置が定められていた。七道のうち山陽道は大路とされ駅家ごとに駅馬二〇匹、東海・東山道は中路として駅馬一〇匹、これ以外は小路とされ駅馬五匹の配置が記されている。

古代の道路については、藤原京と平城京を結ぶ中ツ道・下ツ道などの直線的な道路が知られていたが、七道については、令の規定にあるものの実態については不明で、大規模な道路の存在は想定されていなかった。

近年の調査で、七道に関する道路遺構の検出が相次ぎ、古代国家によって整備された七道は、道路幅が六〜一二メートルで、平野部においては直線的な道路として計画的に構築されたことが明らかとなりつつある。このような都と地方を結ぶ大規模な直線的道路は、古代国家における交通・軍事の基幹機能を担うものであり、中央集権体勢を維持するために必要不可欠なものであった。

伊勢国の状況

起点となった都が遷都されたことにより、東国へと抜ける東海道も経路の変更が行われている。飛鳥時代の東海道からの分岐点は不明であるが、少なくとも奈良・平安時代では、鈴鹿駅家から分岐して斎宮・神宮、さらには志摩国にいたる伊勢道があり、伊勢国には、二本の官道が通っていた。『延喜式』によれば、中路である東海道鈴鹿駅家には駅馬二〇匹、尾張国に向かう河曲（鈴鹿市木田・河田付近）・朝明・榎撫（桑名市多度町付近）の各駅家には規定通りの一〇匹が配置されている。また、鈴鹿・河曲・朝明郡には伝馬各五匹の配置も見える。小路である伊勢道では、伊勢国内の市村・飯高・度会の各駅家には規定通りの五匹ではなく中路に近い八匹が、志摩国内の鴨郡・磯部の各駅家には四匹の駅馬が配置されている。市村・飯高・度会の駅馬が多いのは、伊勢道が単なる枝道ではなく、伊勢神宮への年中四度使・公卿勅使などの参宮駅使や斎王群行の路として位置づけがなされていたためと考えられる。

この伊勢道についての研究は、足利健亮の研究に負うところが多い。氏によれば、伊勢道の経路が伊勢平野内陸部において、平野に突出する丘陵の先端を結ぶ直線的な経路として設定された様相が明らかであるとしている。ここでは詳しく述べないが、斎宮に関係するところのみ概述する。飯高駅家（松阪市駅部田町付近）から斎宮までは、旧飯高郡条理地割のなかに残る東南東方向の小字界や松阪市上川町から櫛田川までの参宮街道を通り、櫛田川を越えた早馬瀬《はやませ》町（駅使い「はゆまつかい」に因む）から、斎宮までの直線的な東南東方向の農道が一直線につながることから、飯高駅家から斎宮までの直線的な伊勢道を復原している。なお、この道路は史跡西部の古道と称する農道とも一致する。斎宮から伊勢神宮へは、竹神社の東側を通って明和町有尓中まで南下し、東に転じ大仏山丘陵の南側の裾を通って、小俣町離宮院・度会駅を通って伊勢神宮へといたる伊勢道を復原している。斎王の群行路は、伊勢国内の頓宮が鈴鹿・一志に置かれる点が駅家の配置とは異なるものの、伊勢道を使用したことは間違いない。斎王の退下の路は一志頓宮から阿保頓宮を経て大和にいたるが、都が藤原京に置かれていた頃の伊勢への主要な官道であったことに起因すると考えられる。なお、都から東国へと抜ける要衝の地が奈良時代では鈴鹿関であり、飛鳥時代には川口関（白山町川口付近）であった。

斎宮内の官道

足利氏が注目した斎宮の古里地区から直線的に東南東方向に延びる農道は、初期の調査で奈良時代前期の道路側溝SD一七〇が確認されたことにより、古代からの道路の痕跡が残存したものと考えられるようになり、東南東方向の古代の道路として「古道」と称してきた。

平成に入ってからの史跡東部方格地割内の調査により、「古道」の延長上に道路側溝が鍛冶山中区画まで延びることが確認された。方格地割成立以前の道路である「古道」が、史跡東部まで直線道路として貫いていたことになる。道路両側溝が明確で、両側溝芯々間の幅は九メートルある。また史跡西部では道路側溝の確認のための調査が二〇〇三（平成十五）年度に実施された。この調査により、南側の側溝SD一七〇は幅一・二～二メートル、深さ一・〇メートルと規模が大きいのに対して、北側側溝SD二九五は鎌倉時代の溝が重複しているが、幅〇・五メートル、深さ〇・一メートルと浅い。南側溝は古里E地区（第七次）の調査で確認された溝SD八七三六につながり、北側側溝については不明だが、同じ道路幅でつづいたことが想定できる。

古道の存続時期は、SD一七〇が奈良時代中期には埋没し始めているが、史跡中央部から西部にかけて、奈良時代から平安時代の掘立柱建物が古道の方位に沿っていることから、史跡中・西部では平安時代まで存続したと類推できる。史跡東部においては、古道を分断するように方格地割が造営されるため、方格地割内の古道はこのときに廃止されていることは明白である。このように発掘調査で確認された延長一・二キロ以上、幅九メートルの「古道」は、古代の官道として遜色のないもので、足利氏が想定した古代官道である伊勢道であったといえる。

奈良時代の斎宮の所在地は、博物館の南側にあったことが想定されている。この想定が正しいとすると、古道は中心施設の北側を通過することになる。

都城や官衙では中心施設の南門あるいは南門前を通る東西路から入ることがふつうとされている。時代は下るが、平安時代後半の伊勢神宮へ向かった公卿勅使の日記から、神宮に供える神宝を奉ずる勅使が斎宮を通る際、斎王在任期間中は斎宮の南門前を通過するのは神宝のみとされ、勅使以下の官人は斎宮の北側、背面を迂回して通らねばならず、神宝・勅使が揃って南門を通ることができるのは、斎王不在のときが慣例となっていたとされる。斎王の宮殿の前を人が通過することが避けられていたことになる。この慣例から見ると神宮への勅使や都への駅使が斎宮の北側を通る官道を通過することの不自然さが理解できる。

方格地割が成立すると、史跡東部の古道も廃止されることになる。史跡西部の古道は継続して使用され、後の鎌倉時代においても、道路側溝がいく筋も掘り直されている。内院を構成する区画は他の区画とは異なり一辺が一三〇《メートル》で、中央間に幅一〇《メートル》の小路が存在することが明らかとなっている。杉谷政樹は、内院に想定される鍛冶山西区画の北側道路と西加座南区画の中央小路との交差点が、古道と重複することに注目し、方格地割の設計基準は、この交点であり、方格地割の造営は古道の位置と密接な関係があったと想定している。また、斎宮から伊勢神宮にいたる路についても、次のような試案が提示されている。

伊勢神宮へは、前述した足利氏が想定した有尓中まで南下して東進する経路以外に、別ルートが文献から推測できる。『延喜式』斎宮の「斎内親王参三時祭禊料条」には、斎王が神宮三節祭に斎宮から離宮院に赴く途上で行う二カ所の堺祭について「宮東湟外及多氣度會両郡堺祭」と記され、最初の清浄な斎宮から出る堺祭は宮の東の湟外で行われたことがわかる。『大神宮諸雑事記』貞観六（八六四）年九月十五日条には、神嘗祭のため斎王が離宮院に赴く際に、女官一人が斎宮東字鉗田の橋桁の破損により乗馬とともに落ち疵を負う事件が記載されている。事件のあったのは斎宮の東にあった橋である。これらの平安時代の史料では、斎宮から離宮院に赴く経路は南側へ出るのではなく、東から出ていることがわかる。

　東に出る道路は発掘調査では確認されていないが、東南東方向に延びる伊勢道がさらに東へと延びることが予想される。この道路は、斎宮から東南東方向へと直進し、明和町明星で南に折れ、大仏山丘陵を越えて東に転じて離宮院にいたるルートであり、斎宮から南下する経路とは別に存在した可能性が強く、離宮院にいたる経路はこの二者を想定できる。

　このように、斎宮付近の古代の伊勢道は、飛鳥・奈良時代に飯高駅から東南東方向に延びる幅九メートルの直線道路として設定・施工された。奈良時代末には大規模な方格地割をともなう斎宮の造営により一部が分断されたが、全体的には大きく改変されることなく、伊勢神宮、さらには志摩国へとつづいた道路と考えることができる。

Ⅵ　発展する斎宮と方格地割の成立――発掘調査から判明した斎宮③

1　明らかにされる斎宮寮

文献から見る斎宮寮の殿舎　飛鳥時代から奈良時代にかけての成立期の様子は、文献には記載されていない。斎宮の造営について確認できる最初の文献は、『続日本紀』である。奈良時代後期の七七一（宝亀二）年に「造斎宮」や、七七五（宝亀六）年に「伊勢斎宮修理」という記述が見られる。これらの記述から、前者の頃に斎王が居住するための建物や関係する役所を建設し、後者で建物の修理を行ったことがわかる。また、七二八（神亀五）年の頃には、斎王に付属する役所として、主神司、舎人司、織部司、膳部司、炊部司、酒部司、水部司、殿部司、采女司、掃部司、薬部司などが記されており、この頃には斎宮寮の組織が整ってきたことがわかる。

この記述にある役所が、発掘調査で明らかとなってきた史跡東部方格地割内の遺構群であることは間違いないと考えられる。

斎宮寮の内部の構造や建物の様子は、一一五八

(保元三)年から翌年の頃にまとめられたという『新任弁官抄』によって知ることができる。斎宮は内院・中院・外院に分かれ、内院は斎王の居る所、中院は斎宮寮頭の居る所で、内院と中院の屋根は檜皮葺、外院は茅葺きで五〜六〇棟あり、屋根の形は民家のようであったと記述されている。「内院」の言葉は、これより古く、九二七(延長五)年頃に編集された『延喜式』に初めて認められ、内院、中院、外院の構造は、造営当初から存在した可能性は高いものと考えられる。

斎宮の建物の名称には、奈良時代から平安時代初めにかけて「大盤所」という記事があるほか、『延喜式』には斎宮内の建物の名称が詳しく書かれている。『延喜式』では内院という言い方が初めて登場し、引きつづき、神殿、寝殿、出居殿、中重庭、南門、厨屋が書かれ、官舎、諸司雑舎、酒殿、寮庫とつづき、南門、溝湟、東湟、大垣と記載されている。これらはすべて斎宮寮という斎宮の役所を構成する施設名称で、方格地割の中心部から外部への順で施設の名称が記載されているものと考えられる。

斎宮の性格上、斎王の生活空間が施設の中心となることは、当然の帰結であろう。斎王の私的な生活空間と公的、つまり伊勢神宮への祭祀を別にすれば斎宮内での祭事を執り行う場所や、寮の長官である寮頭の公的・私的な生活空間、その他の役所の施設が周辺を取り巻いて設置されていたことが想定できる。これらが内院、中院、外院として表現されたものであろう。また、斎王に仕える女官たちも、当然、斎王に近い場所で生活していたと考えられ、内院として包括された可能性が高い。

文献に残る施設名については、表2「文献に残る建物名称一覧」(10・11頁)を参照のこと。

発掘成果から見た斎宮寮

史跡東部の方格地割の構造については後述することとし、ここでは、方格地割内での発掘調査で判明した掘立柱建物について述べる。

史跡内の発掘調査で検出した掘立柱建物に関係する顕著な事柄として、瓦がほとんど出土しないということがある。このことは、前述したように斎宮寮の建物は檜皮葺、茅葺きであると、文献に記載されていることと合致する。古代において、役所などは瓦葺きが通常であるが、天皇の生活する後宮は、瓦を使用しない伝統的な建物である。瓦は寺院を表す名称としても使われており、斎宮の性格上、寺に関係する事項は忌み言葉として別称を用いていることからも、瓦が出土しないことは当然である。このように斎宮内の掘立柱建物はすべて檜皮葺、茅葺きなど伝統的な建て方で建てられたと想定できる。

さて、発掘調査の結果、方格地割は、一尺＝〇・二九六メートルの造営尺を基にした場合、幅四〇尺の道路と、一区画の升目の大きさが四〇〇尺を基準として設計されているようである。この方格地割は、一九八五（昭和六十）年頃までは東西五列と想定されていたが、現在では、東西七列・南北四列と想定している。西側に二列が追加された理由は、一九九二（平成四）年度に西南隅の区画で後に詳しく述べる八脚門が検出されたためである。なお、西北隅の四区画については、発掘調査の結果を見ると、分割する十字路が検出されてないことや、区画内の掘立柱建物の方向が奈良時代の古道同様に斜方向をとるものが多いことから、東西七列が造営当初から計画されていたかは検討の余地が残っている。

方格区画の名称については、字名を基に鍛冶山西区画などと命名している。各区画の発掘調査で

図 23　方格地制区画名称

表3 建物一覧表

上園北		**宮ノ前北**		**下園西**		**下園東**		**西加座北**		**東加座北1**		**東加座北2**	
調査率	30%	調査率	30%	調査率	10%	調査率	15%	調査率	60%	調査率	40%	調査率	40%
建物数	8棟	建物数	20棟	建物数	棟	建物数	40棟	建物数	217棟	建物数	75棟	建物数	91棟
1	0	0	0	0	0	3	0	22	0	3	1	0	0
0	0	0	3	0	0	1	0	9	10	3	2	4	0
2	1	7	2	0	0	0	0	69	16	19	9	48	8
上園南		**宮ノ前南**		**御館**		**柳原**		**西加座南**		**東加座南1**		**東加座南2**	
調査率	10%	調査率	40%	調査率	25%	調査率	20%	調査率	55%	調査率	20%	調査率	30%
建物数	6棟	建物数	107棟	建物数	71棟	建物数	67棟	建物数	166棟	建物数	74棟	建物数	84棟
0	0	6	1	6	1	1	1	26	3	7	4	0	1
0	0	8	0	1	0	4	3	10	8	5	1	1	3
0	0	11	1	4	1	2	0	28	8	22	3	28	10
内山西		**内山東**		**牛葉西**		**牛葉東**		**鍛冶山西**		**鍛冶山中**		**鍛冶山東**	
調査率	1%	調査率	10%	調査率	5%	調査率	25%	調査率	40%	調査率	20%	調査率	10%
建物数	棟	建物数	21棟	建物数	4棟	建物数	59棟	建物数	85棟	建物数	23棟	建物数	12棟
0	0	0	0	0	0	12	1	27	2	0	0	0	0
0	0	0	0	0	0	2	2	1	3	2	0	0	1
0	0	0	1	0	0	9	2	12	0	11	0	0	5
木葉山西		**木葉山東**		**鈴池西**		**鈴池東**		**中西西**		**中西東**		**笛川**	
調査率	15%	調査率	2%	調査率	2%	調査率	4%	調査率	2%	調査率	1%	調査率	10%
建物数	16棟	建物数	6棟	建物数	9棟	建物数	棟	建物数	棟	建物数	1棟	建物数	5棟
0	1	0	0	0	0	0	0	0	0	0	0	0	0
0	0	0	0	0	2	0	0	0	0	0	0	0	0
3	2	0	0	1	0	0	0	0	0	0	0	0	0

【凡例】

○○○○＝区画名称	
調査率＝５％以上は、５％ごとの数値への直近値	
建物数＝○○○○区画で検出した掘立柱建物の総数	
桁行５間の建物数	桁行４間以上の建物数
桁行４間建物数	桁行３間以上の建物数
桁行３間の建物数	桁行２間以上の建物数

判明している特徴的なことは、掘立柱塀で囲まれる区画が現在のところ、四区画しか判明していないことである。この四区画は、鍛冶山西・牛葉東・西加座南・木葉山西区画である。木葉山西区画は八脚門が検出された西南隅の区画にあたり、これ以外は、方格地割の中心部に近いことから、中院・内院などの中枢的な施設に該当するものと考えられている。それぞれ寝殿・神殿等に想定されており、これらについては後で詳細に述べる。

各区画の概要

史跡内の調査率は、史跡面積全体の一五％弱である。方格地割内の調査率は、近年、重点的に調査を行っていることから約二〇％と高くなってきているが、近鉄線の南側は現在の住宅と重複しているため調査例が少なく、各区画での調査率は異なっている。方格地割内で二〇〇三（平成十五）年度末までに検出した掘立柱建物は、一三〇〇棟近くにのぼり、区画別に見ると表3の通りである。以下、掘立柱建物について特徴的な事柄を述べる。

掘立柱建物の柱間の広さは、建物の格式を表すひとつの目安となる。尺を基に建築されていると考えられており、最も柱間が広いものは柱間十尺（約三メートル）で、五尺（約一・五メートル）以下の狭い柱間のものもある。十尺の柱間で建てられた掘立柱建物の数は少なく、鍛冶山西区画で八棟、下園東区画で一棟、西加座北区画で一棟が検出されているのみで、下園東区画のものを除いて奈良時代後期と考えられる。また、鍛冶山西・牛葉東・木葉山西区画で検出した掘立柱塀は、建物同様に柱間が三メートルあり、これらの区画内における施設の設計は十尺が基準となっていたようである。

また、建物の規模も当然、建物の格式を表し、大きなものが中心的な建物と考えられる。奈良時代から平安時代初期と時期を限定すれば、検出した掘立柱建物は約二四〇棟近くとなる。このうち三×二間の規模の掘立柱建物は一〇〇棟以上と半数近くを占め、桁行五間以上の掘立柱建物は五〇棟以上検出されている。これらのなかでも鍛冶山西区画のSB七九一八は四間×二間の身舎に東・西・南の三面に庇の付く建物で、三面に庇をもつ建物の検出例は少なく、重要な建物であることを想定させる。

また、五間×二間の掘立柱建物を見てみると、西加座北区画から鍛冶山西区画の中央列での検出例が目立っている。これら三区画は調査が進んでおり、それぞれが、後述する「寮庫」、「神殿」、「内院」に想定される区画である。

三間×二間の掘立柱建物は、東側の東加座北②・東加座南②区画で多く見られる。また、これらの区画内では、竪穴住居も、東加座北②区画で七棟、東加座南②区画で二棟、鍛冶山東区画で二棟のほか、分割のされていない西北隅の四区画で二六棟と多く検出されており、掘立柱建物と竪穴住居が方格地割内で同時に存在したのか、あるいは造営に従事した人びとの居住域かは不明である。東端の区画は、桁行三間の小規模な掘立柱建物を中心として構成されている区画で、「外院は茅葺きで五、六〇軒あり、屋根の形は民家のようであった」と文献に記載されている外院の一画にあたることは間違いない。

2　中心施設　内院

内院推定地区とされる牛葉東区画および鍛冶山西区画は、広大な史跡のなかで最も調査解明が進められてきた地域で、その成果は二〇〇一（平成十二）年度の『斎宮跡調査報告Ⅰ内院地区の調査』として公表されている。これにより奈良時代

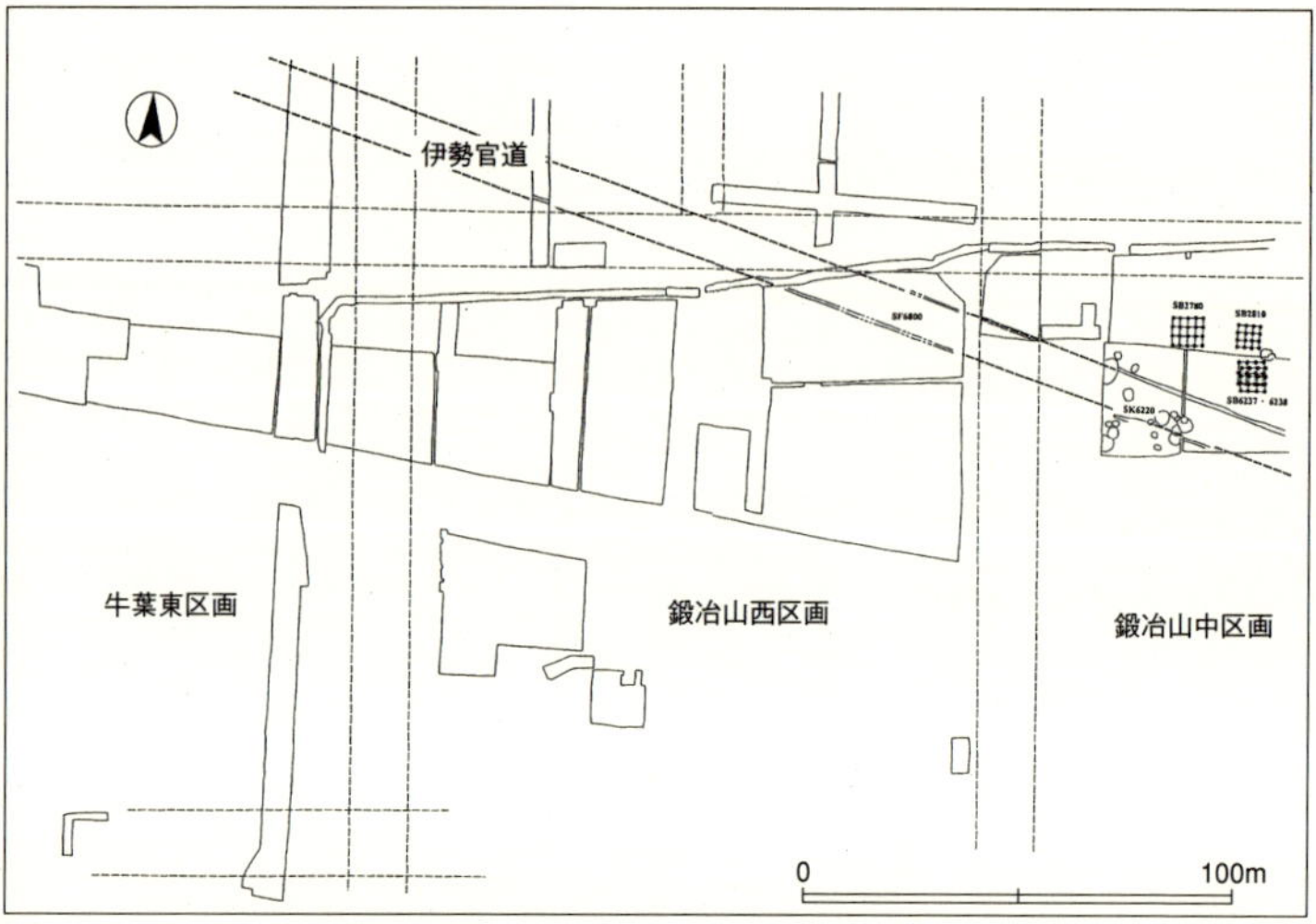

図 24　内院遺構変遷図（奈良時代中頃）

から長岡京の時代を経て平安時代へと変わる古代国家の転換点、光仁、桓武朝にあたる時期に、この内院地区も成立したことが判明している。詳細は報告書に譲るが、ここでは奈良時代から平安時代初期までの変遷を見ることとする。

（一）奈良時代中頃の遺構配置

奈良時代中頃の遺構も若干見つかるものの、計画的な配置は認められない。飛鳥時代に成立した可能性のある伊勢道と推定される幅約九メートルの古道がこの地域を北西から南東方向に伸びており、奈良時代中頃まで、この地域の土地利用に影響を与えていたものと見られる。隣接する鍛冶山中区画では、後述する外郭掘立柱塀の東外側にあたる地域で、先行すると考えられるＳＢ二七八〇・二八一〇・六二三七・六二三八などの大形総柱建物や土坑が多く見つかっている。

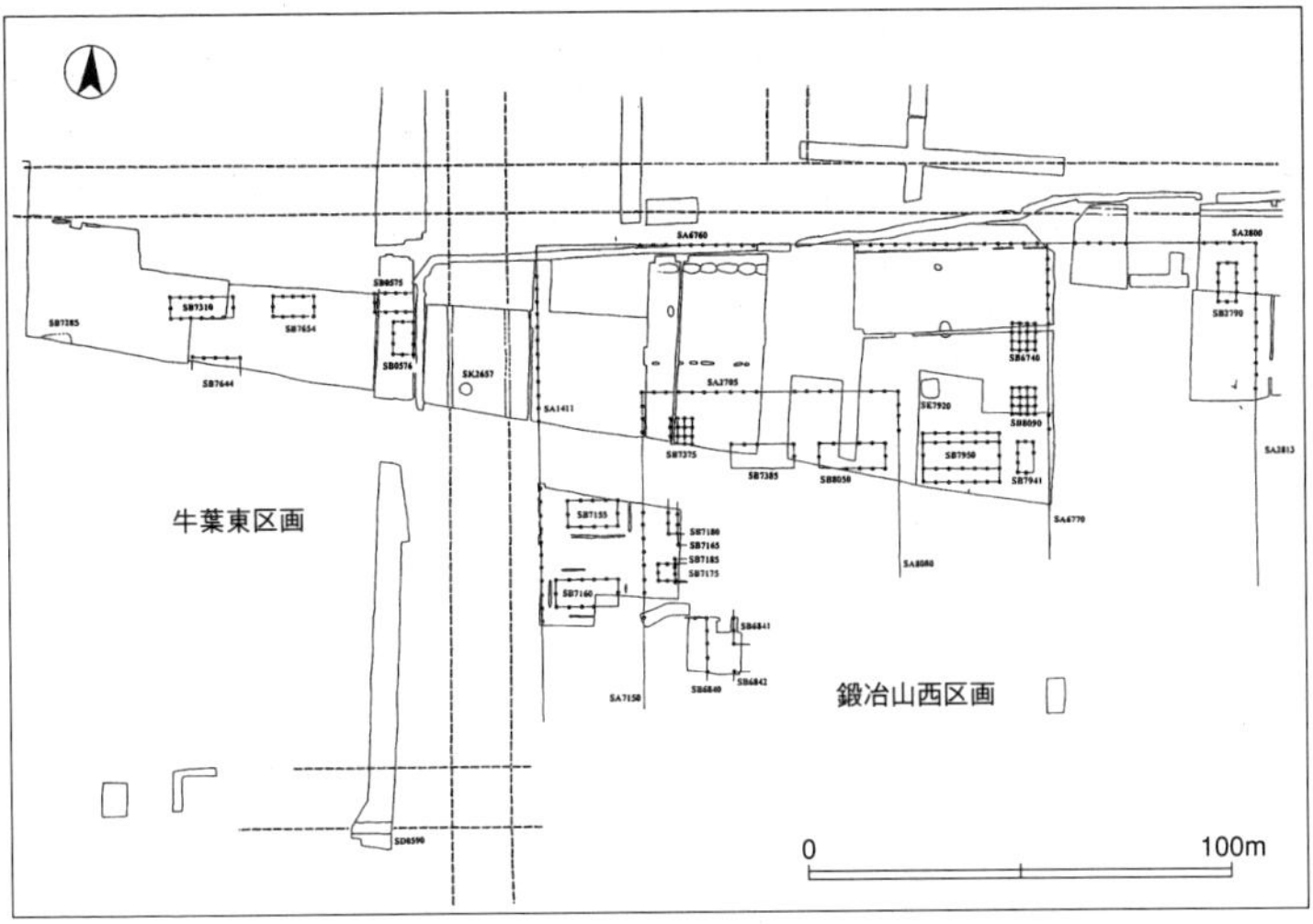

図 25　内院遺構変遷図（奈良時代後期）

（二）奈良時代後期の遺構配置

鍛冶山西区画

大規模な掘立柱塀による区画施設が成立する時期である。区画南辺については調査例がないが、北辺掘立柱塀は東西一二〇（四〇間）メートルのＳＡ六七六〇の東端から南へＳＡ六七七〇が延び、ＳＡ六七六〇のさらに東へ二六間分ＳＡ二八〇〇がつづく構造となり、あわせて東西六六間の規模となる。このため、方格地割を構成する鍛冶山西区画の東辺道路は少なくともこの段階では成立していないと想定される。

また、掘立柱塀によって区画内部がさらに区画（内郭）されていたことも判明している。東西二〇間のＳＡ二七〇五が内郭掘立柱塀の北辺にあたり、外郭北辺掘立柱塀四〇間の半分の長さになる。しかしながら東西中軸線は一致しておらず、内郭中軸線は四間分が西に寄っている。

内郭内では、北西隅に総柱建物ＳＢ七三七五と

図 26　内院最大建物

東西に並立する五間×二間の東西棟二棟があるほか、近鉄線南側での調査例が少ないが数棟の掘立柱建物が確認されている。

内郭の東側には、六間×二間の身舎に南北二面の庇のつく区画内で最大規模の建物がある。周辺には北辺掘立柱塀SA二七〇五に北側柱筋を合わせたSB八〇九〇と、そこから三間分空けてSB六七四〇の二棟の総柱建物が建つ。

また、大型建物の北側には、井戸SE七九二〇がある。井戸掘形の周囲に一辺約一〇メートルの方形の掘り込み事業を行い、斎宮跡でも他に例のない特殊な構造である。

内郭西側では、SA一四一一とSA七一五〇の間に、平安時代初め頃までにSB七一五五・七一六〇の二棟の東西棟が建てられる。これらは周囲に雨落ち状に溝を付設する特異な形状である。

内郭の北側では、この時期にさかのぼる掘立柱

図27　鍛冶山西区画・掘立柱塀

建物は確認されていない。

当時期に成立すると考えられる鍛冶山西区画は、内外郭の大規模な二重構造をもつほか、他の時期と異なる大きな特色をもっている。掘立柱塀と倉庫と推定される総柱建物や付属的な位置関係にあるSB七九四一以外の主要な側柱建物は、すべて柱間一〇尺を基準としており、次段階の遺構はおおむね柱間八尺を基準としていることと大きく異なる。この規格は、方格地割南西隅と想定される木葉山西区画の八脚門に取り付く掘立柱塀以外にはない。

これらの大型建物は、いずれも建て替えられた痕跡がなく、区画構造の継続性が認められないという特徴もある。また、土坑などの遺構も少ないため、出土遺物も少ない。

牛葉東区画

鍛冶山西区画と比較して企画性が乏しいことがあげられる。

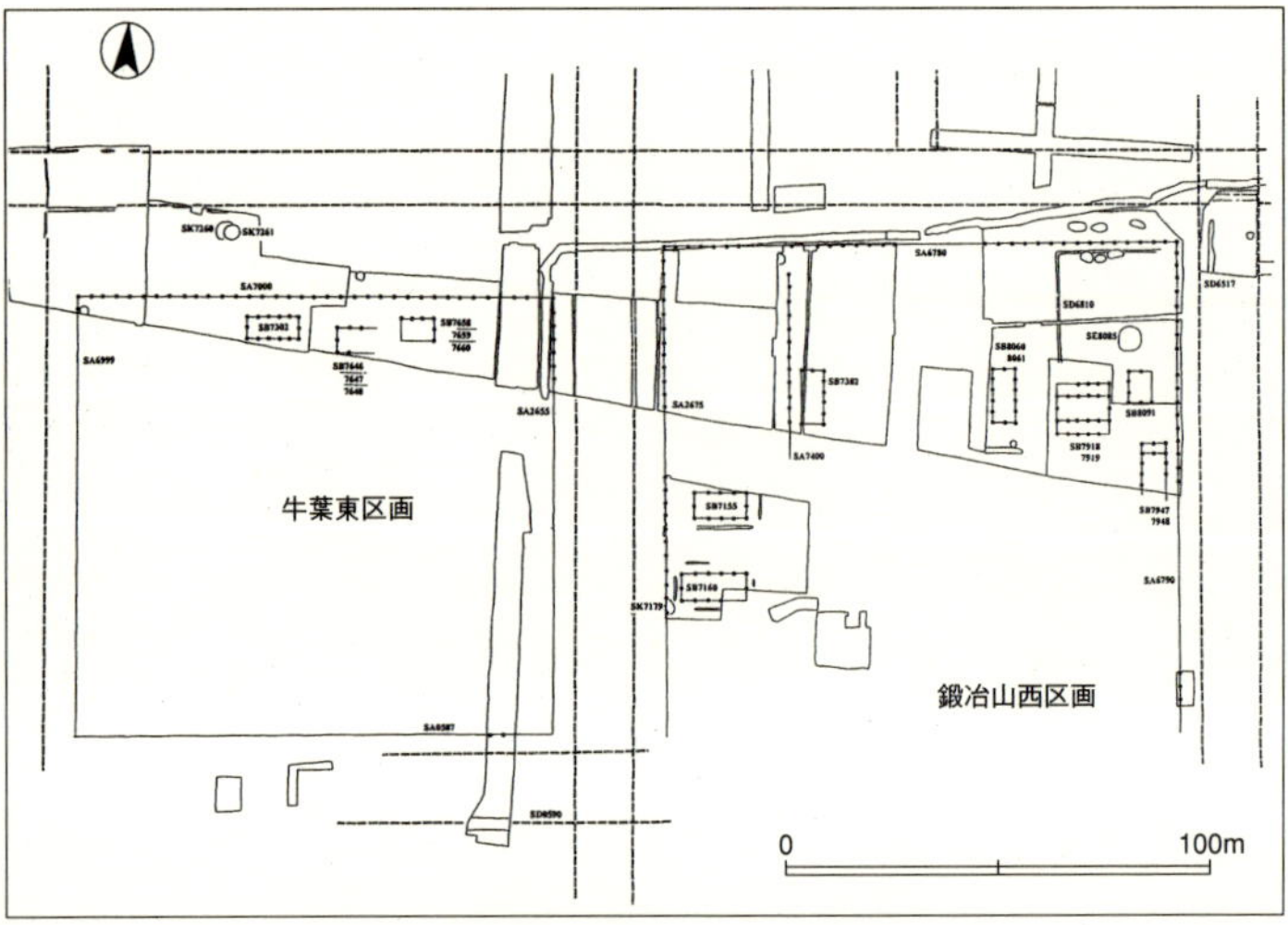

図28　内院遺構変遷図（平安時代初め）

区画を囲む掘立柱塀はまだなく、この時期の竪穴住居も確認されるなど、他の区画と比較してもその優位性は認められない。建物配置に綿密な計画性は認められないが、SB七三一〇、七六五四、五七五など東西に並列した建物が出現する。しかしながら、この配置は次段階以降へ存続しないという点で鍛冶山西区画との共通性をもつ。

（三）奈良時代末〜平安時代初期の遺構配置

鍛冶山西区画　大規模な改変を受け、内郭掘立柱塀が消失し、外郭の掘立柱塀も南側に約二・四メートル移動する。鍛冶山中区画に延びていたSA二八〇〇も廃絶し、北辺の掘立柱塀が四〇間の規模となり、鍛冶山西区画の東辺の区画道路も成立して、方格地割全体の構造が確立する。

内郭の掘立柱塀が廃絶し、内郭西側の掘立柱塀SA七一五〇を東に約四・六メートルずらした位置に掘立柱塀SA七四〇〇が設けられる。この塀は北辺の掘立柱塀に取り付かず近鉄線の南側にも延びていないことが判明しており、間仕切り的なものと想定できる。中央部では前代には少なかった南北棟SB七三八二、八〇六〇の二棟が区画内の左右対称の位置で並列する。

区画東部では、大型建物の跡地に五間×二間の身舎に南北に庇をもつ東西棟SB七九一八と南北棟SB七九四七が逆L字形の配置で建てられ、これらはいずれも建て替えが行われている。前代の井戸SE七九二〇はSE八〇八五へとやや構造を簡略化してつくられる。この段階で掘削されていたと考えられる溝SD六八一〇は東辺の掘立柱塀までの距離が約二八メートルで、間仕切り塀SA七四〇〇から西辺の掘立柱塀との距離と等しく、対照的な位置にあたるため、排水溝というよりは区画内を区切る区画溝の性格が強かったと考えられる。

牛葉東区画　区画全体を囲む大規模な掘立柱塀が出現し、鍛冶山西区画と並ぶ。北辺のSA七〇〇〇以外は部分的な検出であるが、東西約一〇七メートル（三六間）、南北で九五メートルの規模である。ほぼ全体を調査したSA七〇〇〇では柱間が等間隔で、明確な門の遺構は確認されていない。区画内では東西棟建物が数度同じ位置で建て替えられている。

（四）平安時代前期の遺構配置

鍛冶山西区画と牛葉東区画のいずれも、その外側を囲む掘立柱塀は存続しており、基本的な構造を堅持しつつ、内部の建物配置を少しずつ変更している。

鍛冶山西区画　区画内を区分するSA七四〇〇やSD六八一〇は、依然として機能していたと考えられる。

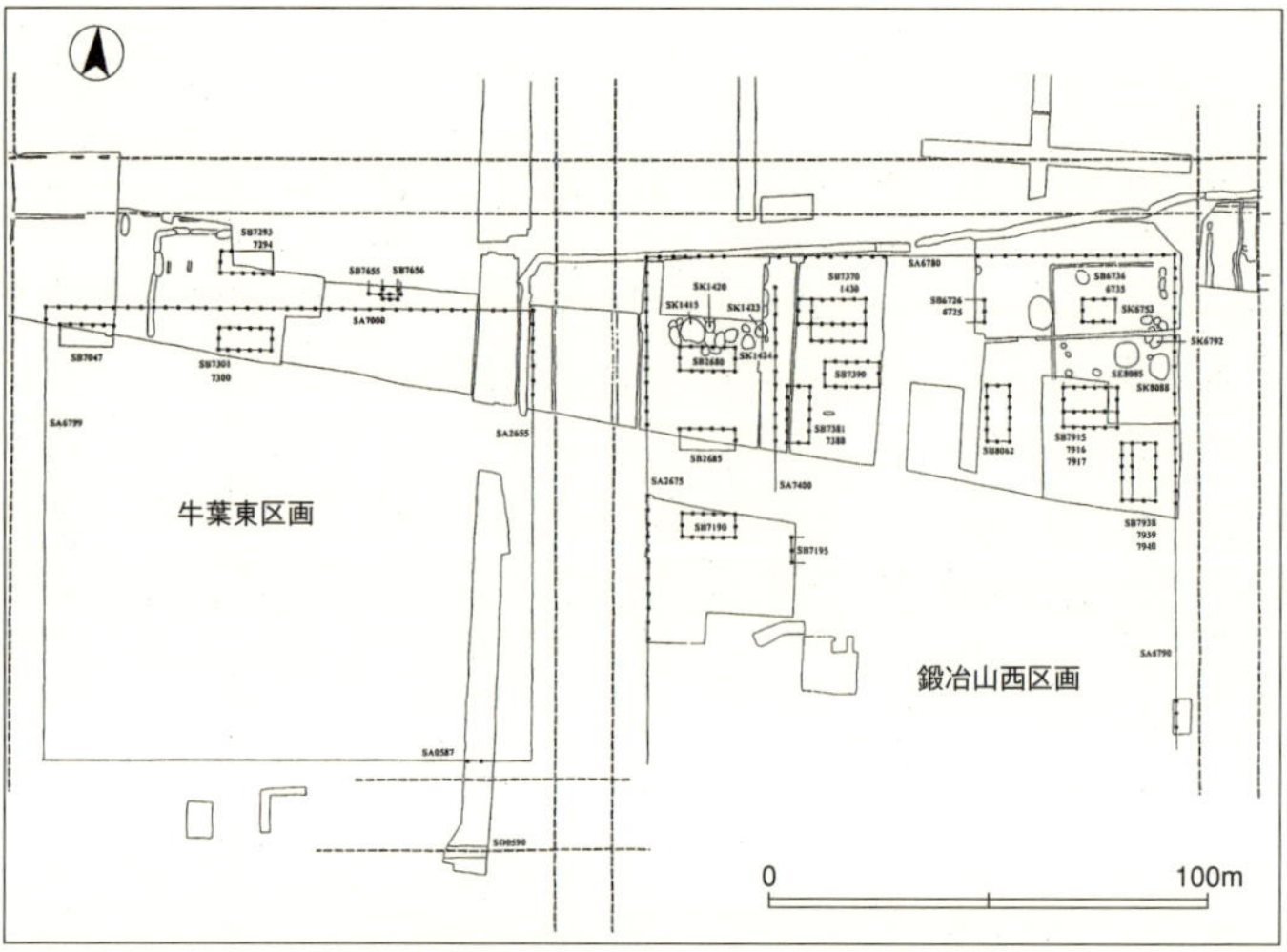

図 29　内院遺構変遷図（平安時代前期 9 世紀前半）

区画西側では前代から引きつづき、四〇尺の間隔で規則的に東西棟建物が建てられ、区画の北西隅にあたる位置では、「土器溜まり」と呼称する土器が大量に廃棄された大規模な土坑が集中する。

区画中央部では、東西棟建物ＳＢ三三七〇や南北棟建物ＳＢ七三八一などがほぼ同じ位置で建て替えが行われるなど、建物が密集する。

区画東側では、前代に掘削された井戸ＳＥ八〇八五や、逆Ｌ字形に配置された建物群は建て替えられて存続している。

牛葉東区画　大型掘立柱塀は存続すると考えられ、内部の建物も同じ位置で建て替えが行われる。掘立柱塀の北側でも建物がほぼ同じ位置で建て替えが行われる。

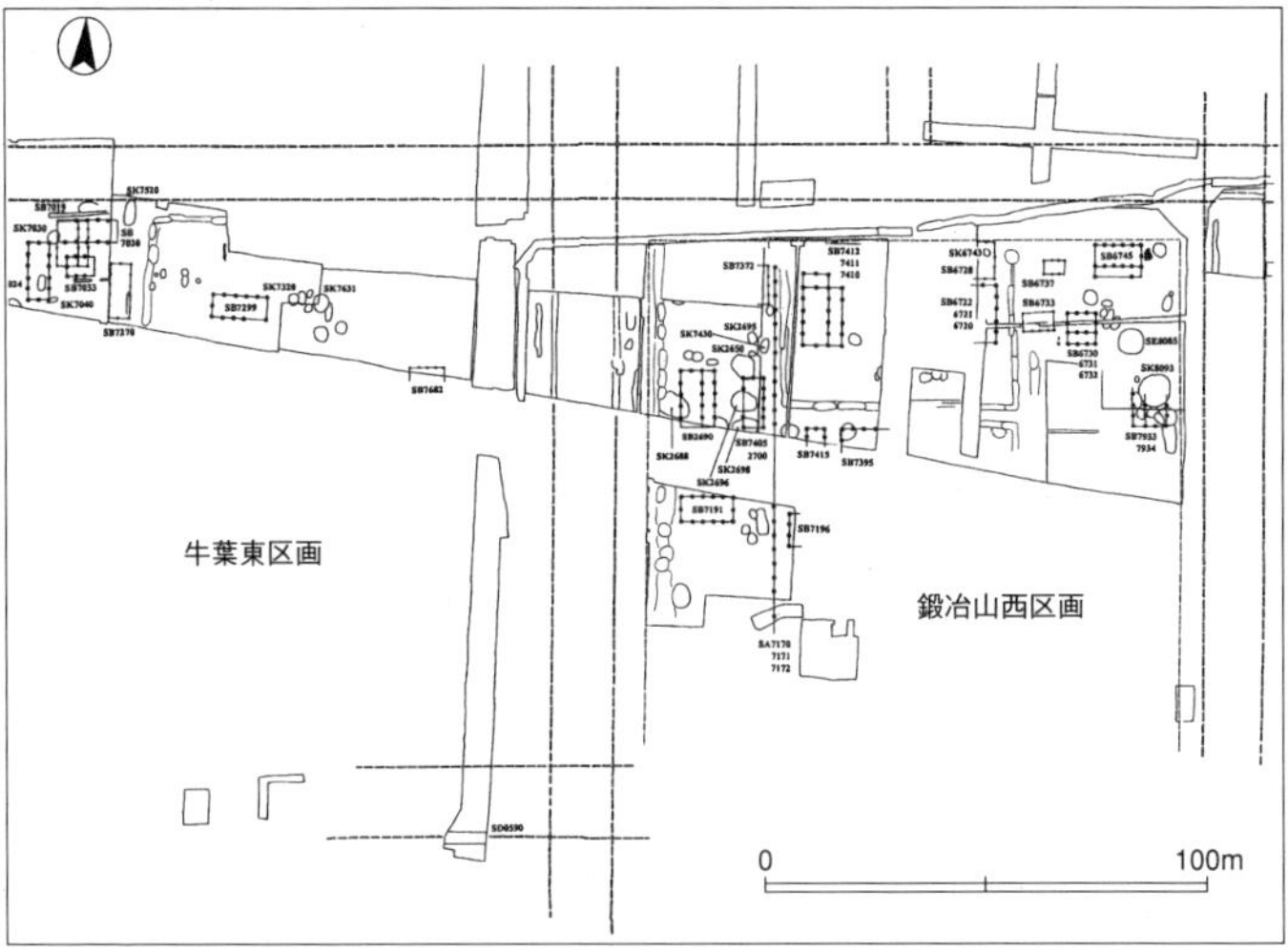

図 30　内院遺構変遷図（平安時代前期　9 世紀後半～10 世紀初め）

（五）各期の意義とその課題

最初の画期である奈良時代後期は、これまでの調査から史跡東部への移動と位置づけられよう。これは『続日本紀』宝亀二（七七一）年十一月十八日条の「遣鍛冶正従五位下気太王造斎宮於伊勢国」の記事に見られるように、七七四（宝亀五）年に光仁朝最初の斎王である酒人内親王の発遣にあたり、周到に準備された斎宮の造営にあたるものと見ることができる。

『報告Ⅰ』によると、この時期の大きな特色として、方格地割を越えた大型の区画、外郭・内郭の二重構造、区画内の建物の大型規格と特殊な井戸の存在、倉庫と考えられる総柱建物を区画内に取り込んだ後世に見られない構造などが指摘されている。この段階では鍛冶山中区画との間の区画間道路が存在しないのはもちろん、牛葉東区画の道路についても、存在しないと考えられている。

この結論にいたった経過を整理すると、区画間道路と東に延びる掘立柱建塀が同時に検出された第九二次調査では、道路側溝と掘立柱塀の重複関係を確認することはできていない。鍛冶山西区画内の位置の異なる二種類の掘立柱塀は、調査の重複関係により、南側に位置するSA六七八〇が新しいことは判明している。よって古いSA六七六〇の東側の延長上にある掘立柱塀SA二八〇〇も同時期であると考えられ、その位置に、道路は存在しなかったと想定された。

　しかしながら、全体設計にもとづいて、建物を建てる前に、排水を行うための道路の両側溝などがつくられることを考えると、当初から区画を無視した造営が行われたとは考え難い。鍛冶山西区画内だけを画する掘立柱塀と東に延長された時期に時期差がある可能性も考えられ、鍛冶山中区画や、近鉄線南側の遺構状況の解明を待って再検討を要する課題である。

　また、光仁朝には酒人内親王と清庭女王の二名が斎王として派遣されており、これら二時期の建物配置を明確にする必要も残されている。

　第二段階の画期についてであるが、『続日本紀』延暦四（七八五）年四月二十三日、桓武天皇期の斎王朝原内親王の群行に先立ち紀朝臣作良の造斎宮長官任命がある。桓武朝の長岡京造営と前後する斎宮の新たな造営は、一辺一二〇《メートル》（四〇〇尺）の方格地割を完成させた。前代の斎宮長官は長岡京を造営した気多王であり、基本設計から深くかかわってきたことが想定でき、ここに長岡京と連動して完成を見たものと考えられる。また、奈良時代後半に造営された伊勢国府跡で部分的に確認されている斎宮と同様の方格地割の存在を無視することはできない。全国に設置された国府は、当初、都の条坊制を模倣して、方八町などの国府の範囲を想定されたが、発掘調査の結果、現在ではこの考え方は否定され、整然とした道路区画は造営されていないという考え方が大勢を占めている。しかしながら、伊勢国府で確認された方格地割の存在は、斎宮寮頭が伊勢国司を兼任する例が多いことを考えると、国府と斎宮の造営に際して類似性があることも必然的なことであろう。

（六）内院の変容

内院地区で大きな変化が見られるのは、十世紀後半である。鍛冶山西区画から牛葉東区画へと内院の機能が移転したものと考えられるほか、ひらがな墨書の出土などから内院の日常的な生活空間も移っていったものと思われる。両区画のこの後の時期については、掘立柱建物が検出されてはいるが、計画的な配置は不明である。

3　神殿

奈良時代後期に造営された方格地割内の内院に想定される鍛冶山西区画の北側にある西加座南地区では、一区画を分断するように中央に幅約三〇尺の南北小路が北端の西加座北区画まで貫いている。また、東西各小区画の東西幅二〇〇尺を合計すると区画幅が四三〇尺となり、他の区画幅が四〇〇尺であることとは異なる設計となっている。

この西側小区画で行われた第八三・八四次調査で、東西一四（約四二メートル）間、南北一二（約三六メートル）間の掘立柱塀によって囲まれた空間が明らかとなった。外周の掘立柱塀から東側道路側溝までは約八メートル、中央小路の西側側溝までは約一一メートルと、掘立柱塀によって囲まれた区画は小区画の中央ではなく西側に偏っている。掘立柱塀の外側約一・五メートルには、幅〇・五メートルの溝が四周をめぐるとともに、南面の溝は東側道路側溝まで延長されてつながっている。これらの溝は雨落ち溝ないしは排水溝の機能を有していたと考えられる。

この掘立柱塀によって囲まれた内部には、北側中央に四間×二間の東西棟ＳＢ五七八〇、西南側には同規模の南北棟ＳＢ五八二〇が建てられ、二つの建物が区画内の広場を共有する配置となっている。掘立柱塀は、内院地区の初期の建物群と同様に一〇尺で設計されているが、内部の掘立柱建物は一間が八～九尺となっており、設計の基準が異なっている。

ＳＢ五七八〇は、桁行四間（約一〇・八メートル）×梁行二間（約五・二メートル）で、梁行側柱列の外側約一・八メートル、桁行柱列の外側〇・九メートルの位置に幅〇・四メートル・深さ〇・二～〇・四メートルの四隅が途切れる溝がめぐるほか、建物南側約一・八メートルの位置に柱間を同じくする掘立柱塀ＳＡ五八〇六があり、前面を覆う目隠し塀の可能性が高い。

区画内西南側にある南北棟ＳＢ五八二〇は、桁行四間（約九・二メートル）×梁行二間（約五・四メートル）で、柱列の外周にはＳＢ五七八〇と同様に幅〇・四メートル・深さ〇・三メートルの四隅の途切れる溝がめぐっていた。

このような建物外周に溝がめぐる建物は少なく、前述の二棟以外には、内院地区に想定される鍛冶山西区画で二棟、北端の西加座北区画内の東側と西側の小区画で確認されているのみである。鍛冶山西区画ではＳＢ七一五五・七一六〇、西加座北区画では西側小区画第五一次調査の五間×二間の東西棟ＳＢ三二二〇、東側小区画第一三〇次調査で五間×二間の東西棟ＳＢ八二八五である。

これらの建物は、各区画内で最も古い建物に位置づけられる。四周をめぐる溝については、四周

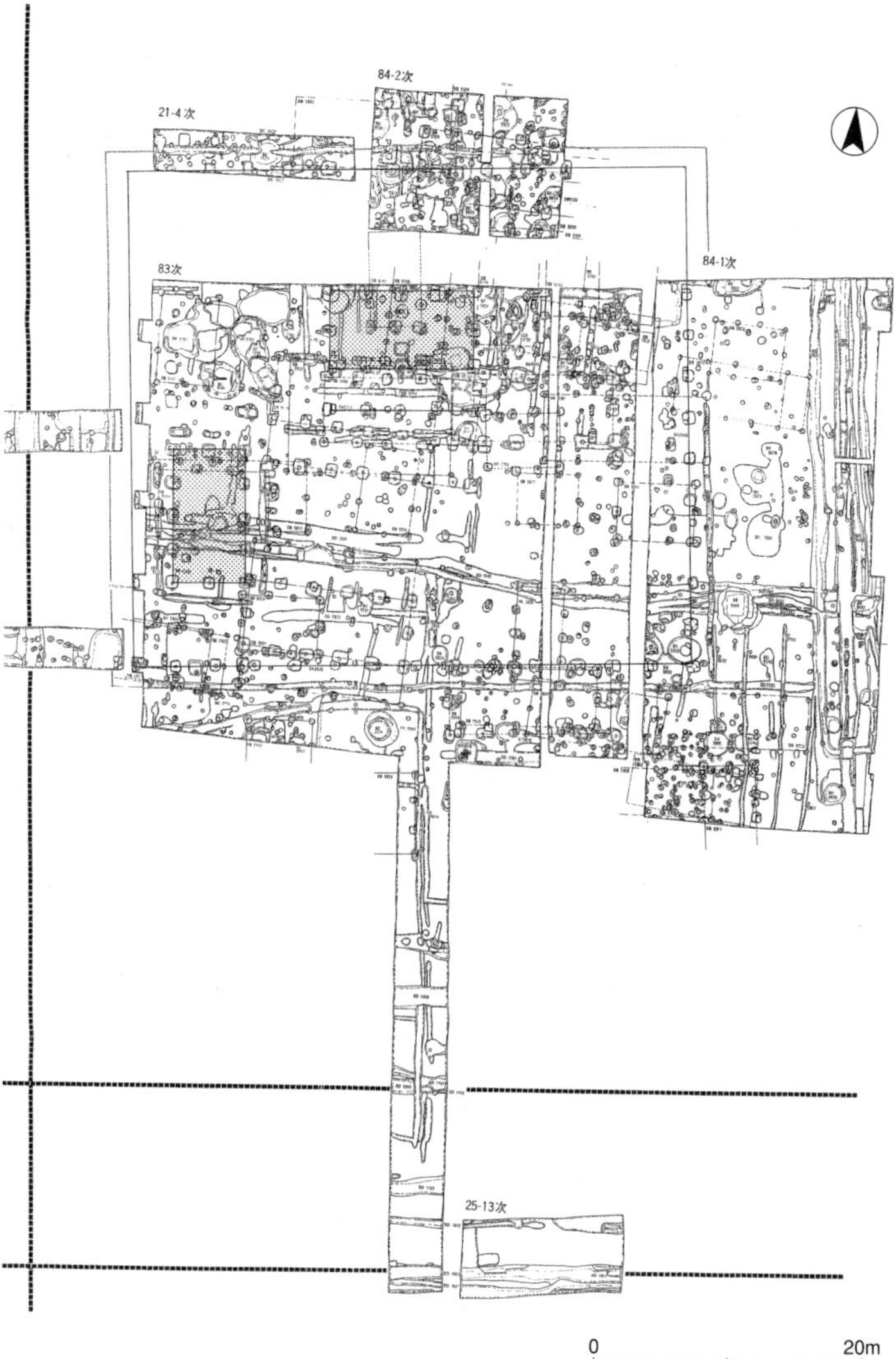

図 31　神殿地区遺構配置図

が途切れることから雨落ち溝とは異なると見ることができ、生け垣などの外界から遮蔽する施設という可能性も考えられる。しかし、SB五七八〇や五八二〇をめぐる溝は、幅・深さなどが掘立柱塀の外周をめぐる溝の規模と類似すること、掘立柱塀外周の溝が道路側溝に接続することから、排水溝である可能性を排除することはできない。しかしながら、四周が途切れることから流すという排水溝の機能というよりは、地面に自然浸透させる目的があったのかもしれない。

囲まれた空間内部へ入る門については、南面や東面の掘立柱塀の柱間がすべて約三メートル等間であり、柱掘形の規模に明確な違いがないことから、門としての遺構は確認はできていない。掘立柱塀は、東・西・北側の一部が未検出であるが、門が確認される可能性は低い。掘立柱塀は、東西柱間で一四間、南北間数で一二間と偶数になることから、それぞれ南辺・東辺の中心上には門の通路が来ることはできない。

掘立柱塀によって囲まれた役所の施設の南辺中央には、南門などが位置することがふつうであり、中軸に柱穴が来ることは希である。中軸上以外の位置に門が取り付く可能性はあるものの、確認された柱間寸法はすべて同じであることや控え柱なども確認されていないことから、四脚門などの中央柱間が広い門が設置されたとは考え難い。残る可能性として、掘立柱塀は、築地塀のような頑強な塀ではなく、板塀などの簡易な塀で鳥居のような柱間が一間の出入口があったと考えられる。

この特異な空間の性格を考える場合、斎王の日常生活を視野に入れる必要がある。斎王は、伊勢神宮に年三回参拝することが本務であり、このほか斎宮内の日常生活の場でも、年中恒例の祭祀や、臨時の祭祀を数多く執り行っていたことが知られている。

祭事の場として『延喜式』には、大宮賣神四座ほかの大社とされる一七座が鎮座していたことが記されている。また、「神殿」の記事も記載されており、斎王の居る御殿のかたわらか、奥まった所にあったものと考えられ、斎王が斎宮内での祭祀を執り行った場と推定されている。

掘立柱塀によって囲まれた小空間は、外界から遮断する特殊な空間であり、通常の役所の施設があった空間とは異なる施設である。内院区画の北側に隣接する地域であることを考えると、斎王が日常の祭祀を行う、私的な祭祀の場であった可能性が高い。

4　斎宮の寮倉

寮倉　通常、倉といえば、弥生時代から見られる稲を保管した高床式の倉庫を想像する。高床式の倉庫は、平面形態で見ると、外側の柱だけでなく、床を支える束柱を建てて、上の過重を支える総柱建物である。

地方官衙のうち奈良・平安時代の郡衙は、税である稲を保管する正倉が主要な施設である。文献によれば、正倉は収穫物によって穀倉、穎倉・穎屋等に区別され、穀倉は稲籾を貯蔵し、穎倉・穎屋は稲穂の束を保管する「倉」・「屋」であったとされている。文献史料や正倉院の調査例から、「倉」は総柱建物構造の高床倉庫で、「屋」は側柱建物構造で土間ないし平地床の倉庫であったと想定されている。「屋」に貯蔵するものは、稲籾の約半分の重さであると考えられる稲穂の束や貯蔵期間が短いものなどで、側柱建物の倉庫でも保管施設として十分であったのだろう。

倉の立地条件について、『養老律令』の「倉庫令」には、「倉は高く乾燥した場所に置くこと」、「池渠＝水を溜めている所を倉の側に置くこと」、「五〇丈（一丈が三《メートル》として一五〇《メートル》）は他の官舎から離して置くこと」などと規定されている。このことは、倉は穀類を保管するために湿気の少ない場所に建て、火災があった場合の防火用水を確保し、建物を他の施設から離して延焼を防ぐことを意味していると思われる。しかし、これらに記述されている施設については、発掘調査で確認されている例はほとんどない。

また七九一（延暦十）年に、建物が密集していると一つの倉が失火するともらい火で全焼するため、以後、新たに倉庫をつくる際には十丈以上離すようにと命令が出されており、自然災害を含む失火や放火により延焼する倉が多数あったことがうかがえる。

『延喜式』によれば、斎宮では諸国から収められたさまざまな品物を「寮庫」に貯えるとされ、寮庫が斎宮内に存在したことが記載されている。穀類をはじめとする食品類、文具類、食器類、薬など生活するためのありとあらゆる品がもち込まれ、「寮庫」で保管・管理されていたと思われる。

斎宮での様子

発掘調査で判明した倉の建物について、飛鳥・奈良時代と平安時代の時代に分けて述べていく。

史跡西部の成立期の斎宮では、奈良時代の総柱建物が三〇棟ほど検出されている。総柱建物の規模は、三間×三間のものが大半で、内側の四つの柱掘形は、外側の柱掘形より小さく、床を支える束柱の役目を担っていたものと考えられる。側柱建物の倉については、奈良時代の掘立柱建物は多数検出しているものの、建物内部の使用方法までは想定できず、判別することはできない。飛鳥・奈良時代では、中心部の区画が不明なこともあり、倉の置かれた区画の位置関係については判明しておらず、今後の発掘調査に期待したい。

奈良時代後期から平安時代では、史跡東部に方格地割が造成され、斎宮寮の組織の施設と寮の物品を収めた倉が置かれた区画があったと考えられている。

方格地割内の掘立柱建物の特色としては、総柱建物の検出例が非常に少ないことである。奈良時代から平安前期までの掘立柱建物約七〇〇棟のうち、一六棟しか総柱建物は確認されていない。鍛冶山中区画では四棟検出されているが、うち一棟は四間×四間と規模が大きい総柱建物で、内院に隣接することから、特殊な用途に使用した可能性も残されている。これ以外では、平安時代になると総柱建物とはいっても二間×二間ないしは三間×二間のものが鍛冶山西区画（一棟）、西加座北区画（四棟）、東加座北②区画（二棟）に見られ、一区画に集中して建てられていない。これらの総柱建物は、寮の倉として一元的に管理されていたとは考えにくい。

西加座北区画は、内院想定区画の北端に位置し、数次にわたる調査で建物の配置が判明している。当区画は、中央に約一〇メートルの南北道路が貫き東西に区画が分割されている。検出した掘立柱建物は二〇〇棟を越えており、奈良時代から平安時代初期の掘立柱建物は五〇棟以上である。他の区画と比較して顕著な特徴は、二〇棟以上が五間×二間の東西棟であることである。道路側溝から約一二メートル離れて建てられ、建物の間隔も等間隔である。全体的な配置を見ると、南北道路を挟んだ東西の小ブロック内にそれぞれ、南北に四棟並んだ五間×二間の東西棟建物が東西に二列配置されていたことが判明した。すなわち、東西の小ブロック内に各八棟ずつの計一六棟が一時期建ち並んでいたことになる。また、これらの掘立柱建物は、位置を若干変え、それぞれの場所で三回程度、建て替えが認められる。

役所の施設の配置は、中心的な建物とその周囲に付属建物を建てるのが一般的であるが、これとは異なり、同一規模の建物が等間隔に建てられていることから、役所の施設が置かれた区画とは考えにくい。また、平安宮内では内裏の北方に倉が置かれていたことが図面から読みとられ、内院北方に位置する当区画も、同様に考えることができる。

倉の管理や防犯状の理由から区画を遮蔽する施設があったはずであるが、明確には確認できていない。しかしながら、区画内の道路側溝に近い場所には、当時の遺構は検出されていないことから、地上になんらかの施設、たとえば土塁状の施設が存在したことも想定できる。

このようなことから、当区画は寮庫の可能性が高く、側柱建物ではあるが等間隔に配置されていることは火災予防の処置とも考えられる。

5　斎宮の門

『令集解』によると、「儀制令凶服不入条」とあり、喪服を着用して公門に入らないこととされている。公門とは宮域門、諸司曹司院、国郡廳院、市司廳院の門、地方の官衙では国庁、郡庁の門が該当し、駅家、倉庫国郡厨院、市の門は公門ではないとされていた。

公門は、役所などの官衙施設の格式を外部に対

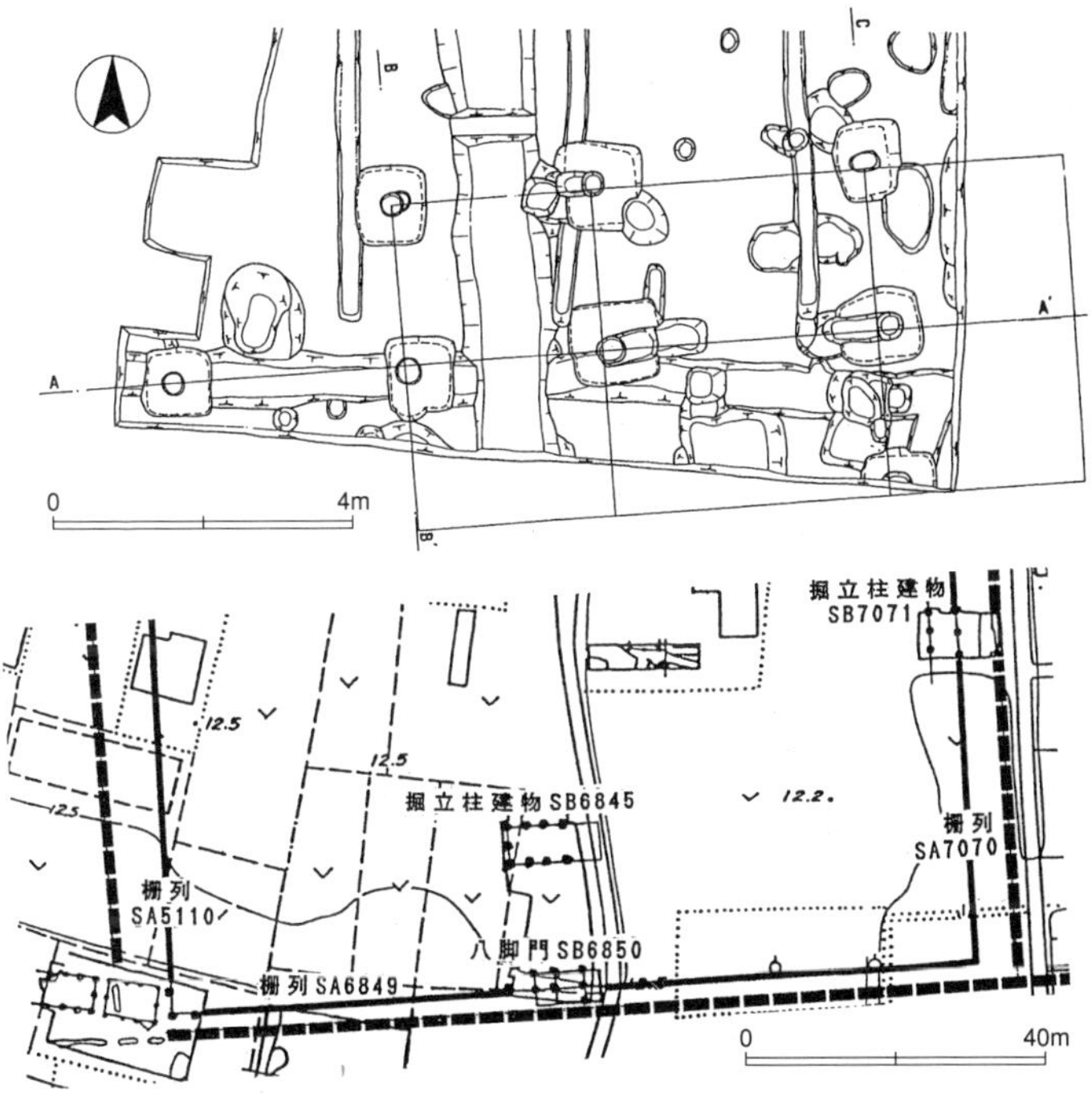

図 32　八脚門（上）・周辺遺構配置図（下）

して表示する荘厳な施設としての機能を果たしていたといえる。門は単なる施設の出入口ではなく、国の威信を対外的に誇示する役目を担ったもので、その代表的なものが奈良の都、平城京の玄関である羅城門や宮域外郭の朱雀門などである。

門の構造

発掘調査では、柱穴の配置から建物の規模を推定しているが、門も同様の方法をとる。最も単純な構造の門は、二本の柱を建てた正面一間の門で、柱の上に横木や屋根を架けた棟門と考えられる。発掘調査では、周囲を築地塀で囲まれた場所で途切れた一角に礎石ないしは柱穴が一間分確認された場合に門と判断された例があるが、多くの柱穴から二本の柱穴だけで門の遺構と判断するのは困難である。また、二本の柱で構成される門のひとつとして鳥居がある。鳥居は神社で見られるように聖域と俗界とを分ける象徴で、斎宮のなかにも鳥居があったことが文献に見られるが、発掘調査では判断し難い。

二本の柱の背後に控え柱を建てたものが桁行一間・梁行一間の門である。また前後に二本ずつ四本の控え柱を建てたものを四脚門という。この四脚門の左右にもう一間ずつ柱を延ばして桁行三間にしたものは、前後に四本ずつ計八本の柱を建てることから八脚門ともよばれる。通り口は中央の間口で、左右の間口より広いことが多く、ここに扉が設けられる。

桁行五間で前後に控え柱を建てたものは中央の三間が入り口となり、平城京の朱雀門を初めとする宮に設けられた宮域門がこの規模である。桁行七間以上になる大規模な門は、平城京羅生門、前期難波宮内裏南門が七間、平安京羅生門が九間とごくかぎられた門である。

このような門は、棟門、四脚門、八脚門の順に格式が高くなっていくものと考えられ、桁行五間以上の門は京域の玄関口で国家の威信を対外的に表示する役目を担っていた。地方では、東北の胆沢城で確認された七間門は辺境警護の最前線で権威を象徴する施設の役割を担っていたと考えられている。また、八脚門は国庁や郡庁などの地方官衙の南門で多く見つかっているが、郡庁では南門が四脚門の例もあり、門の規格が地域に行き渡っていたかは不明である。

斎宮跡の門

国庁、郡庁などの地方官衙は、中心部では約百メートル前後の方形の周囲に掘立柱塀をめぐらして、区画の南面中央に南門を置いている。宮では大きく囲まれた区画のなかに内裏、朝堂院やそのほかの役所が配置されて、全体の区画の門とは別に、役所ごとに門がある。

斎宮は、平安時代中期と時期が下がるが『延喜式』に「溝隍四辺に松柳を植える」、「宮の南門」という記述がある。方格地割では、外周全域を遮蔽する掘立柱塀などの施設は検出されておらず、両側に溝をともなう道路で四周を囲まれていたと考えられる。この道路の溝が延喜式に記載された「溝隍」と思われるが、斎宮寮の内と外とを遮断する土塁などの施設や、外周道路上にどのような門があったかということは、発掘調査からは現在のところ確認することができない。

方格地割内の各区画では、掘立柱塀で囲まれた区画は四カ所確認されている。鍛冶山西区画、西加座南区画、牛葉東区画、木葉山西区画である。中心部の鍛冶山西区画、牛葉東区画では、南辺の調査が行われていないため門については不明である。

る。西南隅の木葉山西区画は、北側が現在の集落と重複しているため調査地点はあまり多くないが、区画南辺と東側で区画内をめぐる掘立柱塀と南辺中央部で掘立柱塀に取り付く東西三間、南北二間の八脚門を検出した。国庁の南門に相当する規模で、当区画は重要な施設があったことが門からもうかがえる。

このほか、方格地割西側の現在の斎宮小学校にともなう調査で、平安時代中期の四脚門が確認されたほか、西加座南区画で一間門が想定される。西加座南区画は前述した「神殿」の項で詳細を述べたが、区画のなかを小さく区画する四周の掘立柱塀を完全に検出している。掘立柱塀は等間隔に掘られていて、門の施設は明確となっていない。このため、一間の門が設けられていたと思われるが、検出のむずかしい一間門の一例と考えられる。

Ⅶ　遺物から見た斎宮——発掘調査から判明した斎宮④

斎宮から出土した遺物は、約三十年以上にわたる発掘調査により、コンテナに換算して一万箱以上の膨大な量となって斎宮歴史博物館の収蔵庫に保管されている。

遺物から見て斎宮を特色づけるものは、土師器が九割以上を占めるということである。一般の集落では須恵器の占める比重が高いが、斎宮の比率は都での宮内のあり方に類似する。また、土器類が中心であるが、他には三彩陶器・緑釉陶器、羊形硯などの貴重な製品、石帯などの官職にともなう品物、土馬・ミニチュア土器・斎串など祭祀に使用されたものなどがある。これらは、内裏の生活様式を都から遠く離れた斎宮にもち込んだもので、斎宮は中央と直結した空間であったことが出土遺物からも見てとれる。

1　斎宮の土器編年

斎宮の存続時期の中心をなす奈良時代から平安時代では、出土遺物の九〇%以上が土師器であり、その実年代については紀年銘が書かれた木簡等の遺物が出土しないことから、時期決定は、困難である。

このため、遺構・遺物の年代決定には、供伴する美濃窯、猿投窯などの須恵器・灰釉陶器・緑釉陶器や瀬戸窯・常滑窯・渥美窯などの山茶椀、あるいは平城宮・長岡宮・平安京などの都城遺跡出土の土器編年を参考に編年を行っている。

一九八四（昭和五十九）年度に「斎宮跡の土師器」として基本的な編年が公表され、二〇〇〇（平成十二）年度に『斎宮跡発掘調査報告Ⅰ』により見直しが提示された。

この新しい編年基準により、斎宮の土器編年は、第Ⅰ期を第一段階（飛鳥時代）・第二段階（奈良時代前期）・第三段階（奈良時代中期）・第四段階（奈良時代後期）、第Ⅱ期を第一段階（平安時代初期）・第二段階（平安時代前Ⅰ期）・第三段階（平安時代前Ⅱ期）・第四段階（平安時代中期）、第Ⅲ期を第一段階（平安時代後Ⅰ期）・第二段階（平安時代後Ⅱ期）・第三段階（平安時代末期）とし、一一段階に時期設定を行った。なお、カッコ内は一九八四年編年の時代区分を当てはめたもので、現在の時代設定とは一部合致しないところもある。本書では、時期説明について略記号ではなく、わかりやすい〇〇時代という名称を使用している。

藤原宮・平城宮・長岡京・平安京等の都城遺跡の基本資料を通して都城遺跡における土器変遷にかかわる研究も進展し、古墳時代の伝統的要素が残存する飛鳥Ⅰ期から飛鳥Ⅲ期の第一段階、「律令的土器様式」として評価される飛鳥Ⅳ期から平城宮Ⅲ期、律令的土器様式の後半段階ともいえ、製作手法の簡略化と省力化による量産指向が見られる平城宮Ⅳ期から長岡京期の第三段階を経て、多種多様な土器構成が台頭した平安京Ⅰ期から平安京Ⅱ期の律令的土器様式の終焉期とその変遷が

表4　2000年編年と都城の時期との対比

※	区分	主な標識遺構	年代	都城遺跡			
飛鳥時代	斎宮第Ⅰ期 第1段階	SB1615(第30次) SK1255(第27次)	694	飛鳥Ⅳ	平城		
奈良時代 前期	斎宮第Ⅰ期 第2段階	SK5102(第70-1次)	730	Ⅴ	Ⅰ		
中期	斎宮第Ⅰ期 第3段階	SK1098(第21-2次) SK6210(第88次)	770		Ⅱ Ⅲ		
後期	斎宮第Ⅰ期 第4段階	SE4580(第69次)	785		Ⅳ Ⅴ		
平安時代 初期	斎宮第Ⅱ期 第1段階	SK6030(第86次) SK1445(第34次)	820		Ⅵ	平安京Ⅰ期	中
前期	斎宮第Ⅱ期 第2段階	SK5200(第77次) SK1045(第20次)	850		Ⅶ		新
	斎宮第Ⅱ期 第3段階	SK7430(第109次) SK2650(第44次)	900			Ⅱ期	古
中期	斎宮第Ⅱ期 第4段階	SX666(第95次) SK7040(第103次) SK7030(第103次) SE4050中層(第61次)	950	930			新
後期	斎宮第Ⅲ期 第1段階	SE4050上層 SE2000(第31-4次)	1000			Ⅲ期	
	斎宮第Ⅲ期 第2段階	SK1730(第32次) SK1074(第20次)	1050			Ⅳ期	
末期	斎宮第Ⅲ期 第3段階	SD3052(第50次)	1190	1080 1170		Ⅴ	
鎌倉時代			1333	1260		Ⅵ	

※本書で述べる時代設定

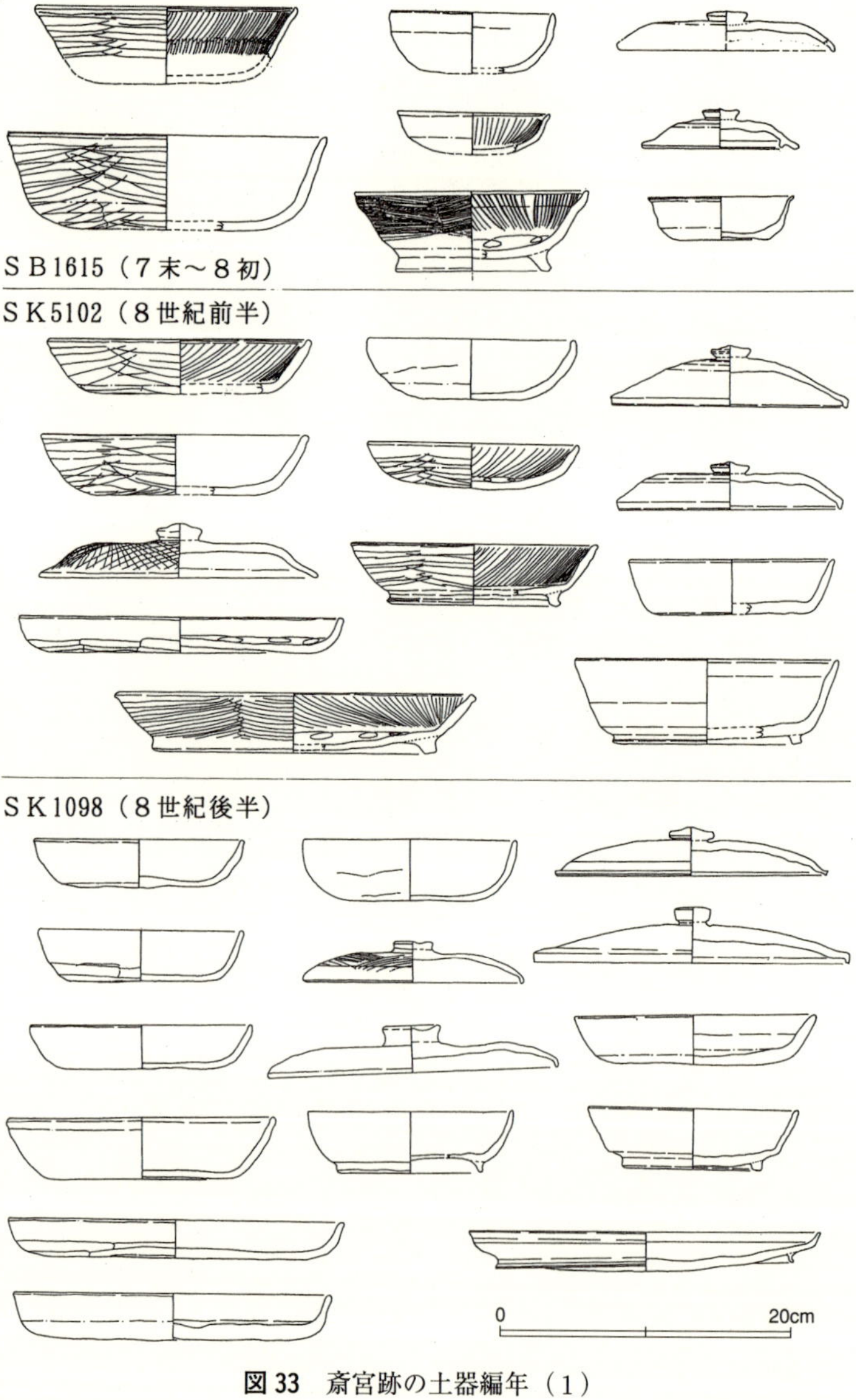

図 33　斎宮跡の土器編年（1）

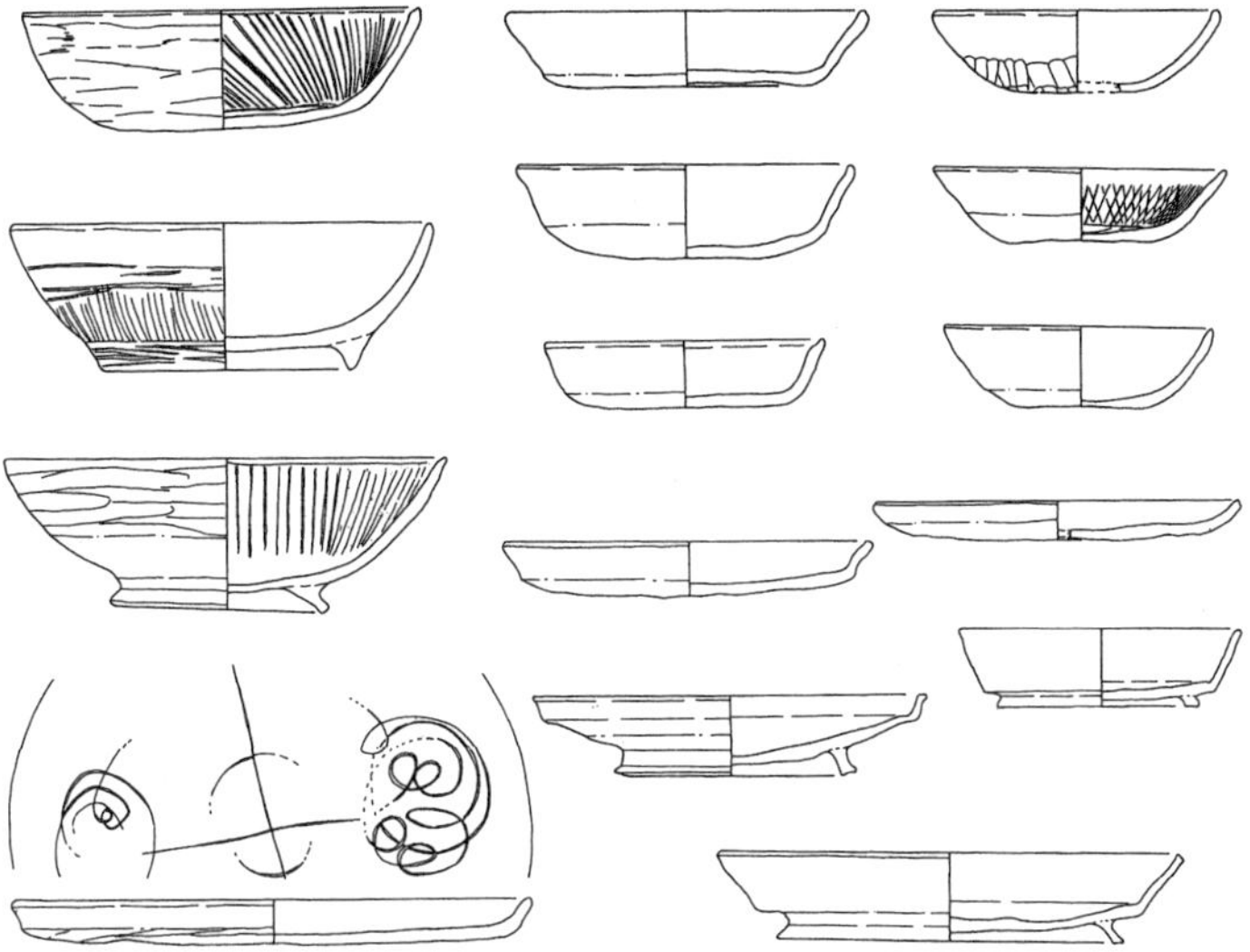

ＳＫ1445（８世紀末～９世紀初）

ＳＫ1045（９世紀前半）

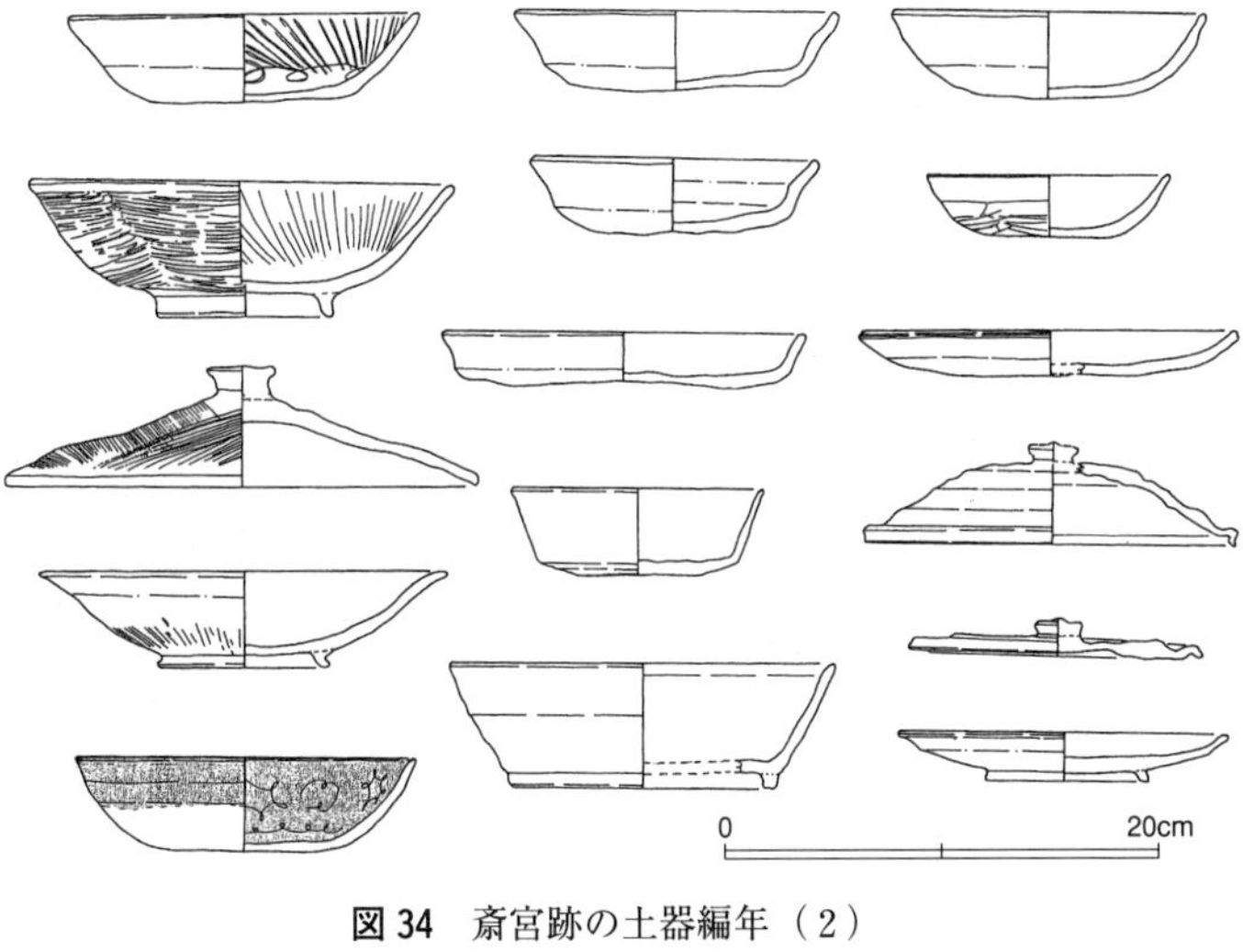

図34　斎宮跡の土器編年（２）

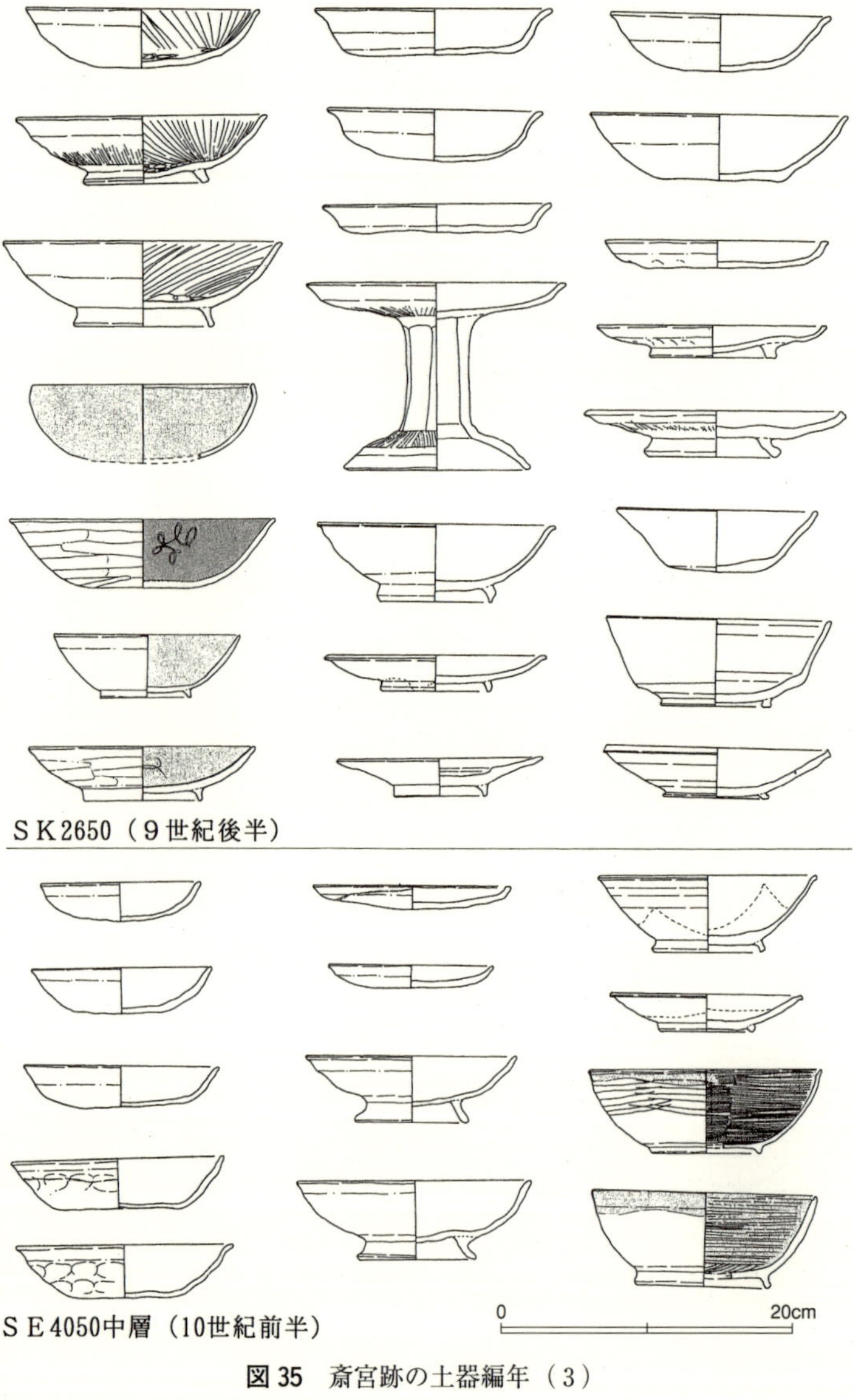

図 35　斎宮跡の土器編年（３）

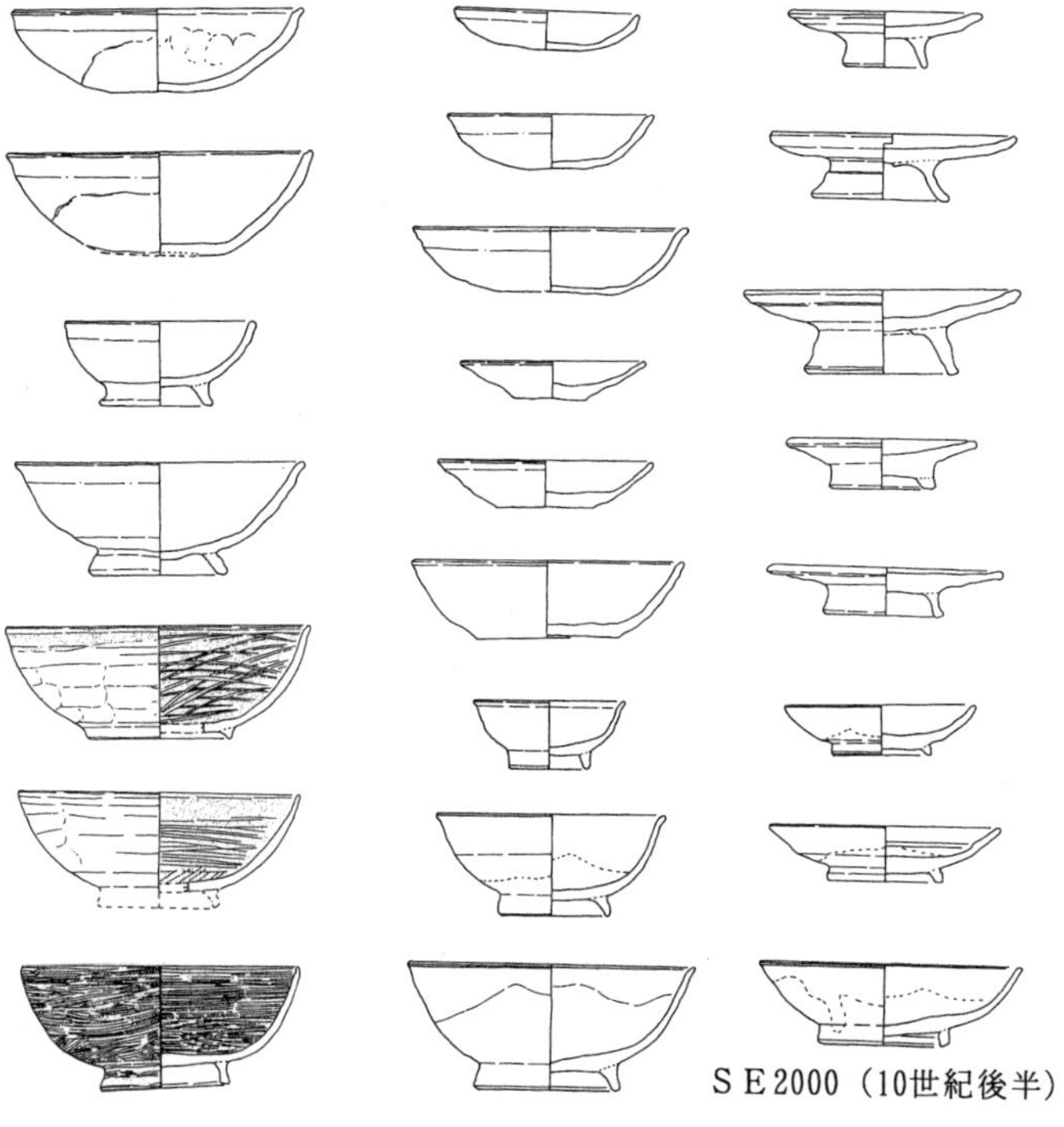

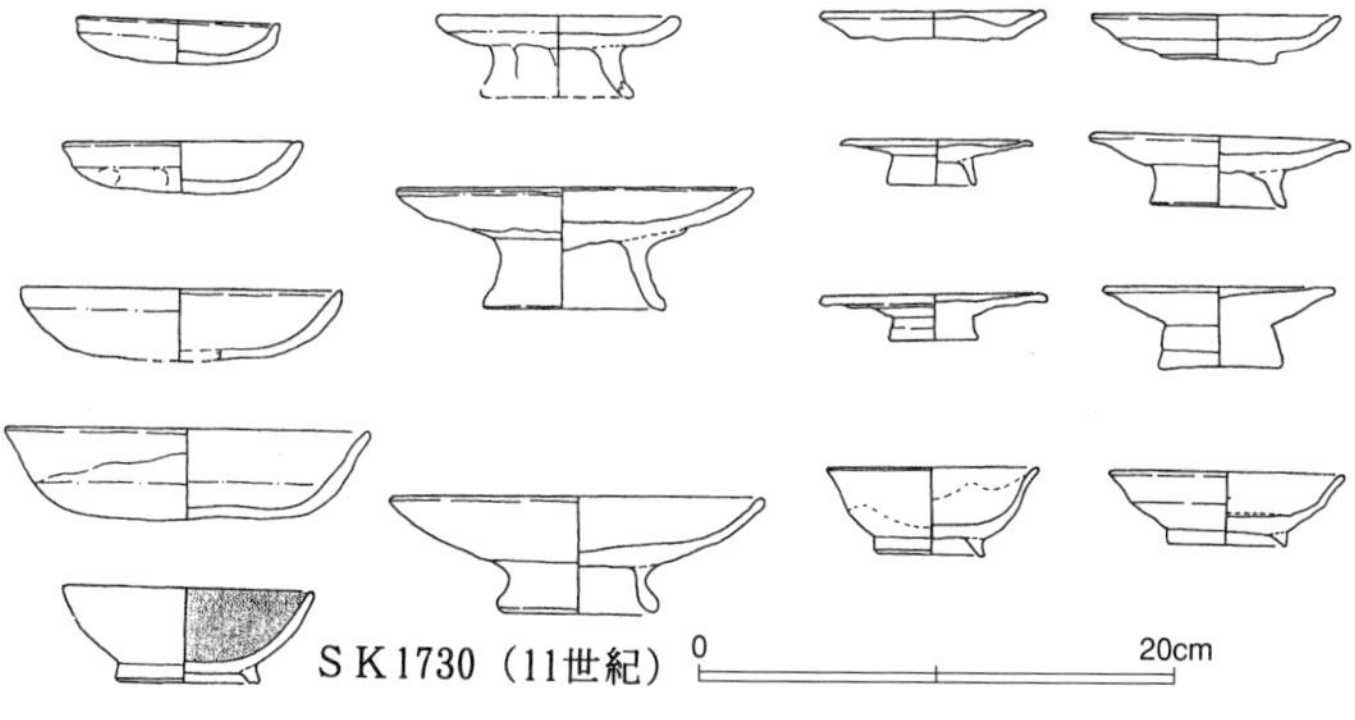

図36　斎宮跡の土器編年（4）

たどれるようになってきている。

斎宮跡第Ⅰ期　天武・持統天皇による律令国家の胎動期にあたり、六四九（持統八）年には藤原宮への遷都が行われ、「律令的土器様式」が成立する段階である。斎宮跡土器編年の大きな画期として、第Ⅰ期を最初の斎王である大来皇女が伊勢群行した六七四（天武三）年から方格地割が成立する朝原内親王群行の七八五（延暦四）年までとする。

この時期の遺物は、史跡西部を中心とした竪穴住居・土坑・溝などから出土しており、成立期斎宮の遺構が不明確なこともあり、遺構との関係は明確ではない。

第Ⅰ―三段階（七三〇～七七〇年）は、斎宮寮の整備拡充が進められた時期で、「天平二（七三〇）年の詔」では「これまで伊勢神宮に経済的に依拠していた斎宮寮の財政を改め、今後は『官物』――国家財政の中から寮経営の食料や物資――をあてる」とされている。この頃は、それまで地元産が中心であった須恵器が、県外の美濃須衛窯の製品が増加するなど詔に記載されたことを裏づけている。

斎宮跡第Ⅱ期　斎宮寮としての機能が最も充実した時期で、八世紀末の長岡京遷都から十世紀前半の村上朝までのおよそ一七〇年間である。

土師器の供膳形態では、定型化して新しい形態となった杯・皿・椀が出現し、このセットが確立され、継続して大量に使用される。この組み合わせが崩れ、ロクロ土師器の出現をもって第Ⅲ期との画期とする。

これらの遺物は、史跡東部の方格地割内の井戸、土坑、溝などの遺構から出土している。Ⅱ―一段階は、奈良時代末から平安時代初期としたものである。杯・皿類は、口縁部が内彎気味に立ち上がる奈良時代的な形態ではなく、口縁部がやや外反気味に開く平安時代的なものが主体となる。杯・皿類の成形は底部外面をヘラケズリするものは少なくなり、ナデのみで仕上げる手法が中心となる。また小さな底部と直線的に大きく開く口縁部からなる椀が出現する。土師器の煮沸具は奈良時代を通じてほとんど変化がなく、器種には長胴甕と丸甕があり、長胴甕はⅡ期を通じて高さが減少する傾向にある。

　Ⅱ―二段階は、おおむね九世紀前半としたもので、猿投窯編年のK―一四窯式期の灰釉陶器がわずかながら出土する。杯・皿類では奈良時代の様相を受け継ぐものはなくなり、ヘラミガキは椀や高杯などの一部の製品に施されるだけとなる。緑釉陶器は内院周辺地域でごくわずかに、また、黒色土器は高台の付かない杯形態のものが少量出土している。同一土坑内に大量の土師器杯・皿・椀類が破棄される土器溜まりがこの時期から出現する。

　Ⅱ―三段階は、おおむね九世紀の後半に位置づけられ、猿投窯編年のK―九〇窯式期に相当し、土師器を除いた供膳形態では灰釉陶器が須恵器に変わって主要な位置を占める。黒色土器は、内面が黒色化するA類の杯、椀、皿、壺・鉢・甕などさまざまな器種が出現する。

　Ⅱ―四段階は、おおむね十世紀前半で、猿投窯式期では折戸五三窯式期に相当する。土師器では杯・椀類の形態変化の差が少なくなり、皿も口径一三センチ前後のものが中心となる。

斎宮跡第Ⅲ期　第Ⅲ期は、十世紀後半から鎌倉幕府成立の十一世紀末までの時代である。

　奈良時代からつづく律令的土器様式の土器組成

が大きく変わる時期である。土師器は前期からひきつづき、杯・椀の区別がより困難となり、灰釉陶器などの椀を模した土師器や新たにロクロ土師器が出現する。皿は口径一〇センチ前後の台付き小皿が中心となる。土師器長胴甕は少なくなり、丸甕が中心となる。

以上が、斎宮での土器編年の大きな流れであるが、詳しくは『斎宮跡調査報告Ⅰ』に譲ることとする。

2　陶硯

硯についてはこれまでの研究によりさまざまな分類が行われているが、ここでは出土した硯を平面形態から見て円面硯、風字硯、猿面硯、形象硯に分ける。また、円面硯には蹄脚硯や獣脚硯とよばれる特異な脚が貼り付けられるものも含まれる。石硯については時期が下ることから、また、須恵器の杯蓋などを転用した転用硯も多数出土しているが、ここでは記述を除くこととする。

形象硯　動物などの形を写したもので、鳥や羊が代表的なものである。

鳥形硯の出土遺物としては、嘴の表情から見て水鳥の可能性が高い頭部片が、第九〇次調査（史跡東部）で出土した。羽毛の表現のある蓋も同時に出土している。このほか、第七五次調査（史跡東部）では、奈良時代後期の土坑から蓋の破片が出土している。羽毛の表現はないが後端が尖ることから尾を表現した鳥形硯の蓋と思われる。

羊形硯の出土遺物では、全国でも数例しか確認されていない頭部片が第九一次調査（史跡西部）で出土した。両角は欠損しているが、大きく後方に巻き込んで顔の横に伸びるようである。流れる刻線は長い体毛を表現している。供伴する遺物か

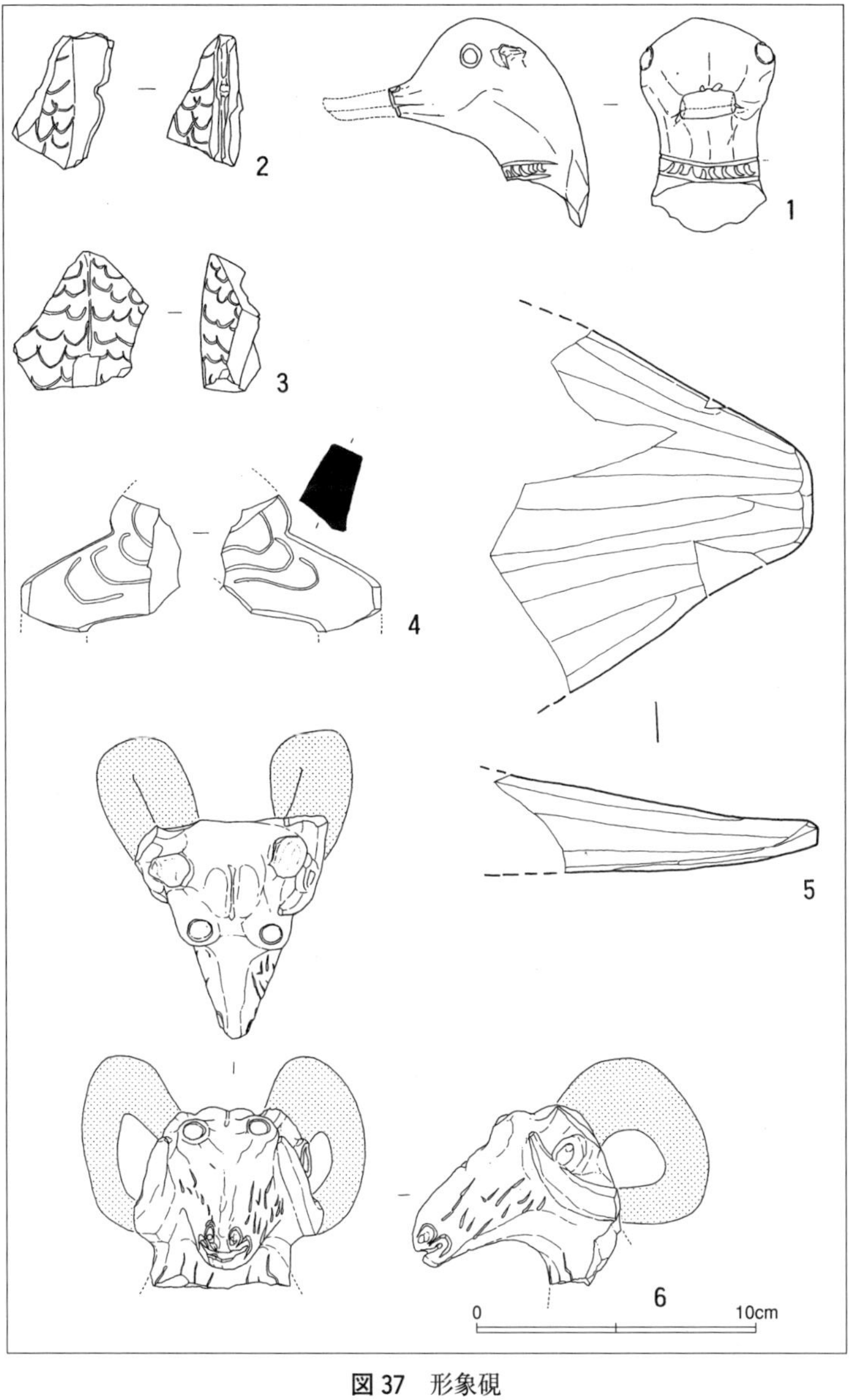

図 37　形象硯
1：第 90 次 SK 6444、2～4：第 90 次、5：第 75 次 SK 5083、6：第 91 次

ら見て奈良時代前半と考えられ、平城京出土の羊形硯と類似するが、体毛を表現した刻線の表現が弱いことから、時期が若干下るものと思われる。

　羊の源流はシルクロードをたどって西アジアまで行き着く。羊は、飛鳥時代に百済から、平安時代には新羅から進上された記録が残るが、当時日本の在来種ではない。中国では羊形硯はなく、どのような経緯で製作されたのか興味深い。

蹄脚硯　史跡西部の古里地区から脚の破片が二点出土している。一点は、一九七九（昭和五十四）年の史跡指定の先駆けとなった調査で見つかったもので、当時は平城京や太宰府などの都城でしか出土していなかった。このことにより、遺跡の重要性が認識され、史跡指定への足がかりとなった記念碑的遺物である。

　二点目は、飛鳥時代から奈良時代にかけての道路跡と考えられる大溝状の遺構から出土したもので、復原すると脚径が二九センチになる。板状の脚台部に三角柱の脚を接合したもので、蹄脚硯のなかでもより古く、硯部・脚部・脚台部を別々に作成して接合するタイプと思われる。

　獣脚硯や蹄脚硯の県内の出土例は、一九九四（平成六）～一九九六（平成八）年度に行われた津市六大A遺跡から獣脚硯、二〇〇五（平成十七）年度の鈴鹿市内の調査で蹄脚硯が出土している。円面硯などの出土例が増加するなかでも類例は少なく、獣脚硯や蹄脚硯の出土する遺跡は一般の集落とは考えがたい。

円面硯　平面形態が丸いもので、これまでに一〇〇片近くの破片が出土した。

　円面硯でも脚部に施される透かしの有無で大きく分類でき、透かしのないもの、透かしのあるものは方形の透かしが施されるものとヘラ書きで透かしを表現するものとがある。

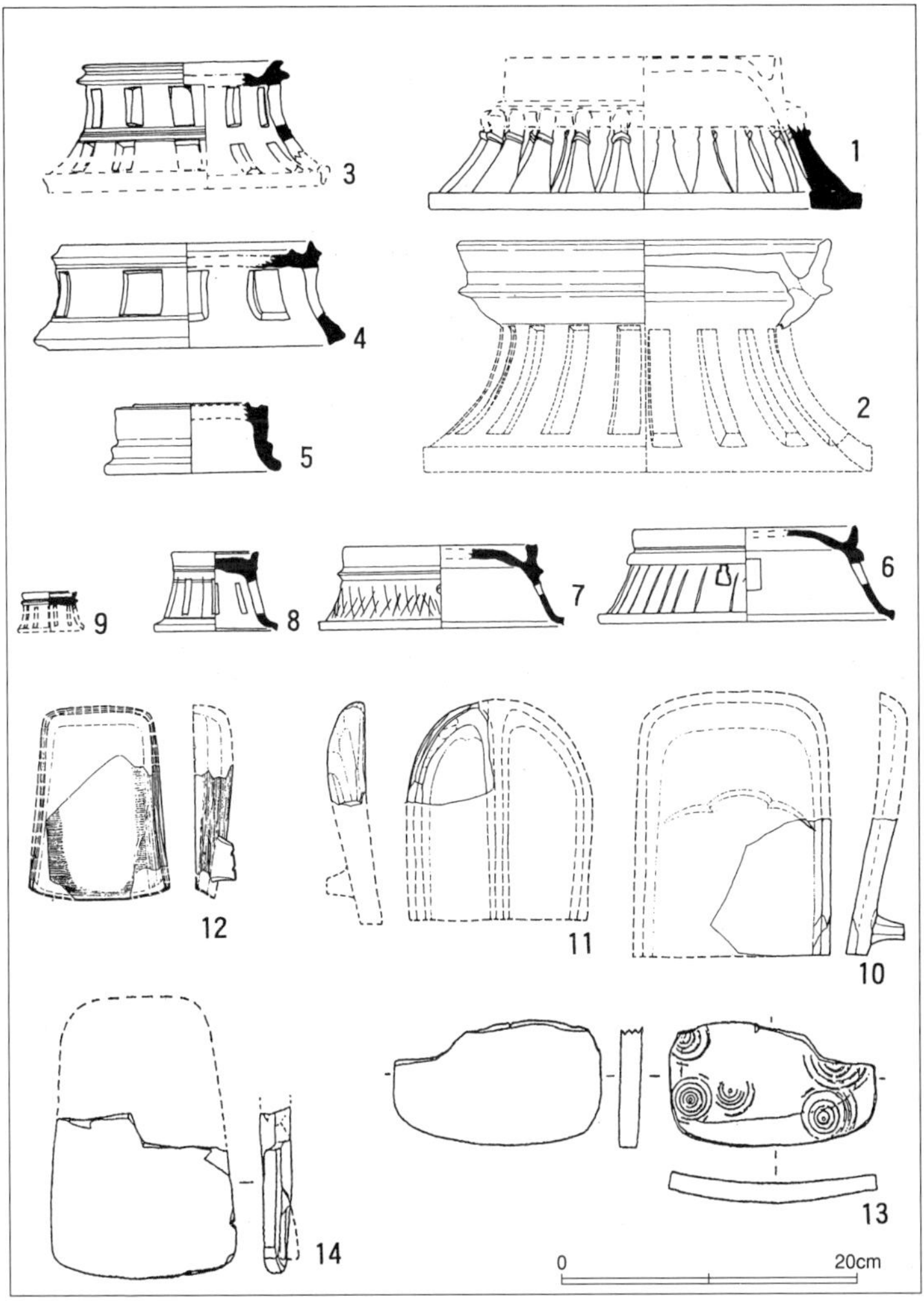

図 38　蹄脚硯（1）、円面硯（2・3・5：史跡西部出土、4・6～9：史跡東部出土）、風字硯（10～12）、猿面硯（13・14）

1：第 5 次、2：第 107 次 SK 7220、3：第 70- 1 次 SK 5102、4：第 48-11 次 SB 3340、5：第 38 次 SK 2211、6：第 57 次 SK 3720、7：第 12- 3 次、8：第 29 次 SK 1445、9：第 79 次 SK 5340、10：第 75 次 SK 5052、11：第 70- 3 次、12：第 44 次 SK 2650、13：第 110- 2 次 SD 7512、14：第 59 次 SD 3890

透かしのないものは、時期の詳細を決定できないが、奈良時代の土坑と考えた遺構から出土した径一〇《セン》チほどの小型品がある。硯面の陸と海の境にわずかな突帯が施される有堤式のものである。脚に透かしのないものは類例が少なく、時期的に古い様相をもつと想定される。

方形の透かしをもつ円面硯のうち、時期の判明する遺構から出土したのは次の数例である。

史跡中部西側の第七〇―一次調査では、奈良時代前期の土坑SK五一〇二から方形の二段透かしをもつ円面硯が出土している。

史跡東部第四八―一一次調査（鍛冶山東区画）の奈良時代後期の竪穴住居SH三三四〇からは、方形透かしが幅広く、硯面はほぼ平で陸と海との境に凸帯がめぐる有堤式のものが出土している。幅広い透かしをもち、硯面が平らな有堤式のものは、第四次調査のものなど史跡西部で見つかることが多く、古い形態を残していると考えられる。

史跡東部で行った第二九次調査（西加座南区画）で平安時代初期の土坑SK一四四五から径一五・六《セン》チの小型品が出土した。脚部外面には、細長い方形の透かしと、ヘラ書きで表現された透かしが交互にめぐる。

ヘラ書きで透かしを表現するものは、方形の透かしが退化したものと考えられ、奈良時代後期以降の新しい様相をもったものである。ヘラ書きだけではなく、透かし間を数カ所、丸形や十字形の透かしを施すものも同時期に出土する。時期の判明するものは第五一次調査の土坑SK三一三七・第五五次調査土坑SK三五五七・第五七次調査土坑SK三七二〇など、おもに奈良時代後期から平安時代初期の遺構から出土したものである。

このように、縦方向のヘラ書きで透かしを表現するものは史跡東部で見つかることが多く、時期的に新しい。史跡東部で出土した灰釉陶器の円面硯にもヘラ書きで透かしが表現されたものがあり、透かしの表現方法が時期差をもつことは明らかである。また、新しい時期のものは器壁が薄く、海と陸の境が不明瞭である。

風字硯

平面形態が台形状で、「風」の字に類似することから風字硯とよばれている。擦った墨を先端にためるため、後端に板状ないしは円柱状の一対の脚を貼り付けて傾斜させる。さらに内面に堤を設けて左右別々に使用できるようにした二面風字硯も出土している。史跡東部で多く出土し、須恵器、灰釉陶器、緑釉陶器や黒色土器のものがある。

　低火度焼成の黒色土器風字硯は、内外面が黒色化された黒色土器B類で、九世紀後半代に時期が限定される。出土した地域も限られ鍛冶山西区画で七点、西加座北区画で二点のみである。黒色土器の風字硯は、県内では上野市伊賀国府跡でも出土している。

　緑釉陶器の風字硯は一点、史跡中央部の第五九次調査で、十世紀後半の土坑から出土した。この土坑は、溝を埋め立てるために掘削されたと考えられ、他に火を受けた痕跡が残る緑釉陶器椀、鉢、壺などが多量に出土した。県内では緑釉陶器の風字硯は他に斎宮から南西約四キロにある多気町東裏遺跡で出土している。東裏遺跡のものは、硯面に陰刻花文が残り、陰刻花文の形態から見て九世紀後半と考えられる。陰刻花文が施された緑釉陶器は、愛知県猿投窯跡でつくられたものが大半であり、色調から見て猿投窯の製品と見て間違いないものである。

猿面硯

須恵器甕の体部片の内面を利用して、硯の硯面としたもので、甕腹硯ともよばれている。使用方法の参考となる例は、漆箱に

図39　猿面硯

入れて使用したものが正倉院に残っている。猿面硯の名は、平面形が猿の顔に似ていることに由来するといわれている。

史跡内からは八点が出土しており、時期の明確なものは、第五九次調査（史跡中央部）の平安時代後期の溝から出土している。須恵器の甕腹を転用したものではなく、焼成前に端面をヘラで面取りしたもので二対の細長い脚が付く。また、同じ調査で、焼成前に製作して脚が付かない猿面硯が一点あり、正倉院の例を参考に復原展示（図39、上）してある。

3　三彩陶器

日本国内で唐三彩は、四〇カ所以上の遺跡から発見されている。平城京・平安京・太宰府など国の重要な施設や、奈良県にある大安寺など国が造営を行った寺院などで出土しているが、三重県内では朝日町にある縄生廃寺で出土している。縄生廃寺のものは三彩陶器の杯で、塔芯礎に埋納されていた仏舎利容器の蓋に転用されたものである。

奈良三彩

唐からもち込まれた製作技法により、国内でつくられた三彩を奈良三彩とよぶ。その代表的なものは、正倉院三彩とも別称される東大寺正倉院に伝わる製品である。聖武天皇の追悼儀式に使用した仏具といわれるもので、鼓胴、椀、鉢、盤などの製品がある。唐からもち込まれたとも考えられていたが、釉薬の分析などから国内で焼かれたことが判明している。

年代の判明する最も古い奈良三彩は、神亀六（七二九）年銘の墓誌をともなう奈良県で出土した小治田安万呂墓出土の三彩小壺であるが、八世紀の初め頃にはすでに製作されていたようである。八世紀を通じて生産されていたが、平安時代の初め頃にはつくられなくなる。壺・瓶・鉢・盤・皿・火舎・塔・合子・硯や瓦塼など、製品の多くは須恵器にもある器形や金属製の仏具を模した器形である。国家や貴族による祭祀、仏具や蔵骨器など特別な用途に使用されていたようで、その代表的な例が正倉院に残る伝世品として今日まで残っている。使用のされ方から、国が生産に関与した官営工房で小規模に製作されていたようである。

日本国内から奈良三彩を出土する遺跡数は、宮跡・官衙・寺院跡・墳墓・祭祀遺跡などを中心にして、すでに数百を数える。大半の遺跡は畿内を中心にした遺跡で、これ以外の地域では出土する遺跡が限定されており、まだまだ珍しい遺物のひとつといえる。

三重県出土の奈良三彩は、斎宮以外では二カ所が知られている。鳥羽市神島は、かつてから知ら

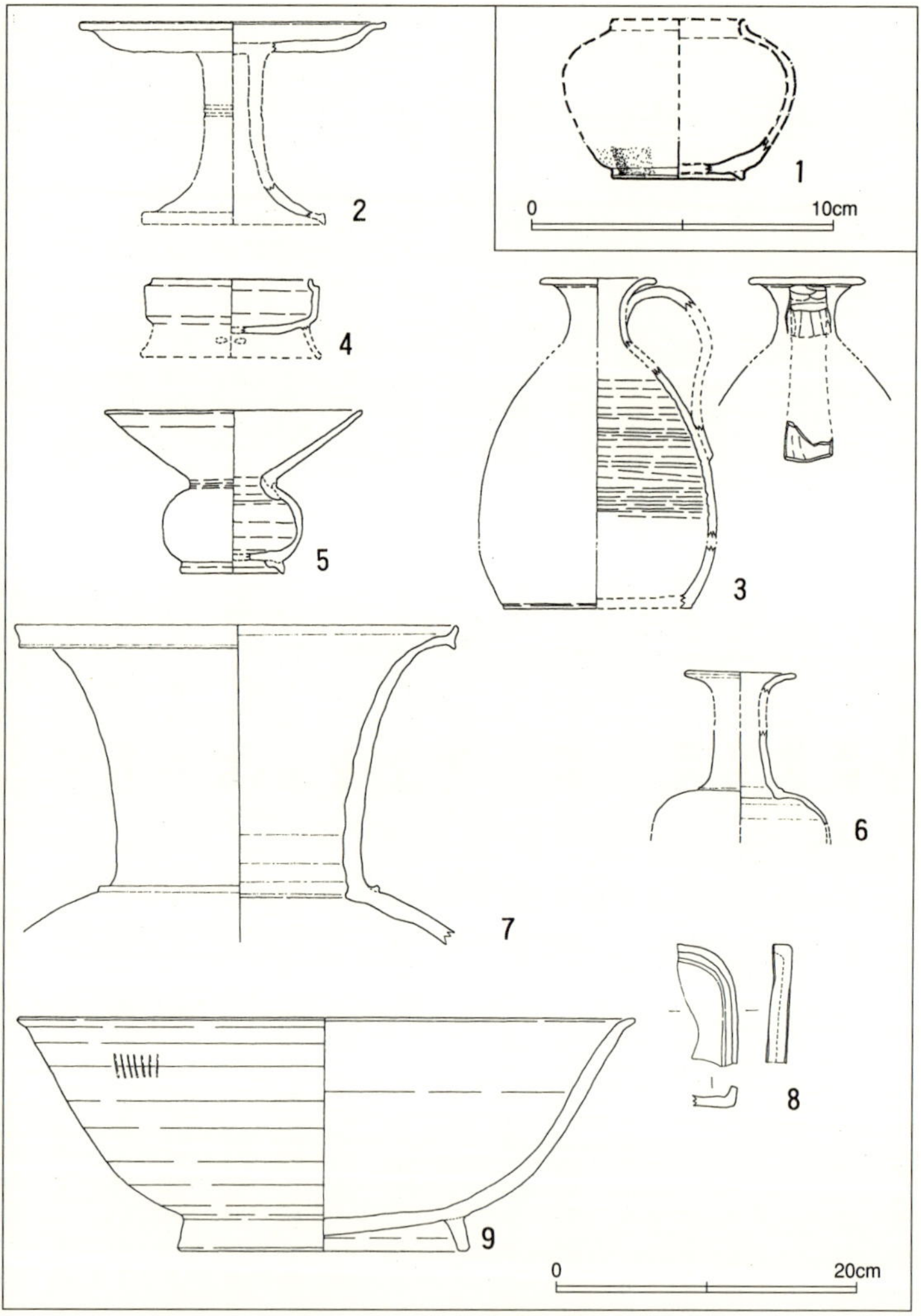

図 40　三彩陶器（1）・緑釉陶器壺類（2～9）

1：第 71 次 SK 4750（小壺・8 C 後半）、2：第 83 次 SE 5850（高杯・9 C 前半）、3：第 98 次（把手付瓶・9 C 前半）、4：第 109 次（香炉・9 C 後半）、5：第 109 次（唾壺・9 C 後半）、6～9：第 59 次 SD 3890（6 瓶・7 大型壺・8 風字硯・9 鉢、10 C 後半）

れている出土地である。神島は伊勢湾に浮かぶ小島であるが、古墳時代の神獣鏡から中世の鏡まで継続して宝物が捧げられており、この遺物が八代神社神宝として保管されている。海にかかわる祭祀遺跡として有名であり、このなかに三彩陶器の小壺が複数確認できる。また、もう一カ所は、松阪市にある寺域の不明な伊勢寺廃寺である。土器類など器ではなく、立体をかたどったものである。手本としたものはよくわからないが、須弥山ともいわれ、全国でも例がない。

斎宮の三彩陶器　斎宮では、史跡西部の二カ所の調査で三彩陶器が出土した。

一例は、第三〇次調査で、三彩陶器の細片が五片出土した。四片は表面に緑・白・褐釉がかけられた同一個体の破片で、細片のため実測は困難であるが、復原すると口縁が短く垂直に立ち、球形の体部と高台をもつ短頸壺の器形である。もう一片は蓋の破片と思われる。

もう一例は、博物館周辺の第七一次調査で出土した。小壺の底の小片で、体部の外面にはうっすらと褐・緑・白釉が残っている。この小壺は、第三〇次調査の壺の形を小さくしたもので、同様の器形の緑釉陶器が鈴鹿市須賀遺跡でも出土している。これらは、ミニチュアということからも祭祀にともなう遺物と考えられるが、祭祀の詳細は不明である。

史跡内から出土した三彩陶器の出土場所は、奈良時代に造営された斎宮の中心に近い場所であり、非常に興味深い。

4　緑釉陶器

緑釉陶器とは、鉛ガラスの基礎剤に緑色に発色させるための呈色剤として銅の成分を加えた釉薬を掛けて焼成したもので、粘土だけを焼いた素地に釉薬を掛けて七五〇度以下の低火度の酸化焔で焼き上げる。この製作技術は大陸から入ってきたものであるが、三彩陶器の製作技術が伝播する八世紀前半以前の七世紀後半には緑釉陶器の制作技術は日本に伝わっていたようだが、陶棺などの限られた製品だけがつくられており、広く使用された様子はない。

奈良時代になると、唐三彩の影響を受けた奈良三彩の生産が始まり、緑釉だけの製品は三彩陶器同様に仏事や祭事用の儀器が少量つくられる。この時期の緑釉陶器の代表的なものとして、正倉院に伝わる伝世品がよく知られている。

八世紀後半でも長岡京が造営（七八四年）される頃になると、緑釉陶器にも新しい製品が出現する。杯・高杯・火舎・羽釜・唾壺など、三彩陶器には見られない器形が出現するようになるが、火舎や甑は、畿内の宮殿・官衙や寺院など、ごくかぎられた遺跡からしか見つかっていない。九世紀になると奈良三彩は生産されなくなり、緑釉陶器が主流となる。唐の磁器や金属器を模した器形が多く見られ、貴族層が日常生活で使用したようである。

九世紀中頃からは、素地を窯で高火度に焼き、硬質の須恵質に焼き上げたものが出現する。緑釉陶器を使う需要層の拡大に対応して、大量に生産されるようになり、椀・皿・壺などが広く国内に流通していく。緑釉陶器の生産地は、おもに近畿から東海のかぎられた場所である。窯をつくる場所は概略的に、次のような変遷をたどれることが判明している。長岡京の時代につくられた窯は、未発見である。九世紀初め頃、窯は京都市の北側の洛北地域と尾張で見つかっている。洛北地域の窯は九世紀には京都の西側の洛西地域へ、十世紀には丹波に移動する。尾張の窯は十世紀頃に東濃・近江地域へと移っていき、十一世紀に近江地域でその生産を終える。また、山口県でも焼かれていたようであるが、窯はまだ見つかっていない。

この京都産、尾張から東濃の東海地方産、近江産などのように生産場所を変えていくことは、材料としての粘土や、焼き上げるための燃料としての松の確保などの問題があげられるであろう。

斎宮の緑釉陶器について

斎宮で見つかっている初期の緑釉陶器は、羽釜の細片の一片だけである。史跡東部の方格地割の造営が、都が長岡京に置かれていた頃であることを考えると、今後に出土する可能性は残されている。なお、県内で初期の緑釉陶器が出土した遺跡は確認されていない。

八世紀末から九世紀前半にかけての緑釉陶器は、史跡東部の方格地割内で発見されている。とくに内院地区北側の神殿推定地の西加座南区画では、第八三・八四次の調査で同一個体と思われる緑釉陶器高杯の破片が出土している。九世紀前半までの緑釉陶器は点数は多くはないが、方格地割の中心部で出土することが多い。このことは、貴族層など一部の人しか使用することができなかったという、初期の緑釉陶器の性格を現しているものといえる。

九世紀後半以降の緑釉陶器は、斎宮内でも出土する場所や点数が増加していく。斎宮から出土した緑釉陶器の破片数は七二〇〇点ほどになるが、大半は九世紀後半以降のもので、京都、尾張、東濃、近江など各地でつくられた製品が出土する。このことは、斎宮内でも緑釉陶器を使用する人が増えていったことを物語っている。また、県内各地で緑釉陶器の製品が多く見つかるようになり、

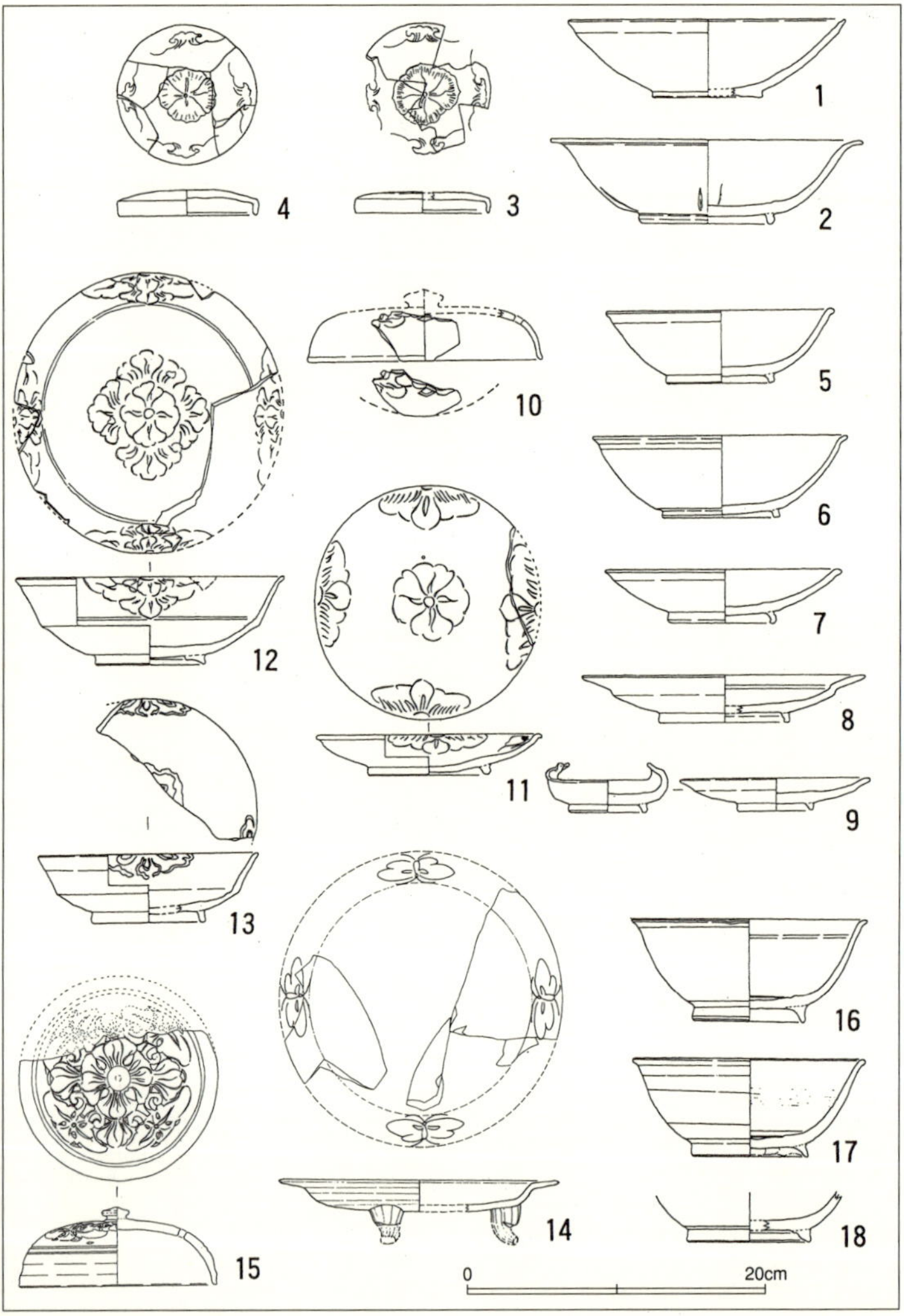

図 41　緑釉陶器椀皿類（3・4・10〜12・14・15：陰刻花文、16：緑釉緑彩）
1〜4：第 44 次 SK 1424（9 C 前半）、5〜13：第 44 次 SK 2650（9 C 後半）、14：第 66 次（9 C 後半）、15：第 130 次（9 C 後半）、16〜18：第 31-4 次 SE 2000（10 C 後半）

とくに十世紀後半から十一世紀前半の近江地方で生産された椀や皿は多数出土している。

緑釉陶器の特殊な製品について

斎宮からは、九世紀後半の緑釉陶器の椀や皿の内面に花の文様をヘラで刻んだ陰刻花文とよばれる製品が二〇〇片ほど出土している。器の内面中央に蓮華の花に似た八枚の花びら文様を、口縁部の内側には花びらを半分に割った半裁形の花弁を対面に四カ所ほど配置したものがほとんどである。花弁の描かれた線が直線的で、固い印象を与える九世紀前半の陰刻花文は少量出土したのみだが、九世紀後半になるとのびのびとした線で描かれ、優雅な印象を与える陰刻花文が多く出土するようになる。陰刻花文の施される緑釉陶器は、十世紀になると描かれる花文が粗雑になり、十世紀の後半には生産されなくなる。この時期のものも少量出土している。

内院に推定される鍛冶山西区画の第四四次調査土坑ＳＫ二六五〇からは、多量の九世紀後半の遺物とともに陰刻花文の代表的な製品が出土した。口縁部に稜の付く稜椀や、皿の内面に繊細な線で描かれた陰刻花文の優品である。また、この土坑からは花の文様をヘラで刻むのではなく、緑釉の釉薬の濃淡で描き分ける製品も見つかっている。これは色の薄い緑釉を全面に塗り、濃い緑色の釉薬で花の文様を描いたもので、緑釉緑彩ともよばれている。

緑釉陶器に陰刻された文様には、花文以外に蝶の文様もあり、斎宮内では一点だけ出土している。これは方格地割の東北隅にあたる場所で行った第六六次調査で出土したもので、脚が三本付いた皿の口縁部に蝶の文様が四カ所に描かれている。

陰刻花文は方格地割の中枢部で見つかる例が多

図42　陰刻花文蓋

く、ふつうの緑釉陶器の椀や皿と異なり、ごく一部の人しか使用できなかったと考えられる。また、その生産地は愛知県の猿投窯で、この製品はおもに東日本各地の国府など役所に関係する遺跡で多く出土している。斎宮で使用する土器類は、尾張を始めとする諸国から納められていることが知られ、陰刻花文の優品も東日本に広がって認められる遺物のひとつとして、国が配布に関与した可能性が高いものである。

緑釉陶器の製品には、高杯などの特殊な製品も初期にはあるが、大半は椀や皿であり、口が大きく開いた唾壺や把手の付いた手付け瓶といった壺なども少量ある。これ以外に風字硯や陶枕とよばれる注目される製品がある。風字硯は、広頭地区の第五九次調査の溝ＳＤ三八九〇で一点見つかっている。火災を受けたため釉薬が溶けている。このほか、県内では多気町にある東裏遺跡に陰刻花文の残るものが一点あるのみで、緑釉陶器の風字硯は全国的に多くない。

陶枕は、内院区画に西接する区画から小さな破片が六点出土している。四点は全体の形は不明だが、釉薬の色の特徴から猿投窯でつくられた九世紀後半代のものと思われる。ほかの二点は十世紀頃と時代が下がり、大陸から輸入した緑釉陶器陶枕の破片である。奈良の大安寺では形のわかる三彩の陶枕が出土している。これによると二〇センチにも満たない長方形で、筆を使って書くときの肘当てに使ったとも考えられている。斎宮のものも内院に隣接する場所で集中的に出土することや、時代が十一世紀に下がるが周辺からも女性が使ったひらがな墨書が出土することなどから、陶枕は斎王に仕えた女官たちが使ったものと想像することができる。

5　石帯

律令国家の官人には、さまざまな規定が課せられており、『養老令』のなかにある「衣服令」により、位階によって着用すべき細かい規定が定められていた。

『扶桑略記』慶雲四（七〇七）年に「年天下始めて革帯を用いる」とされ、この頃には服制を中国唐の制度にならい銙革と鉸具からなる腰帯が採用されたようである。銙とよぶ飾り座を連続して帯につけることから銙帯ともよばれている。銙の材質から金帯・銀帯・白銅帯・石帯・玉帯などの区分があった。

「衣服令」では五位以上は金銀装腰帯とし、六位以下無位は烏油腰帯とされ、前者は金銀飾りの腰帯、後者は銙を漆塗りした革帯としている。

『日本後記』によると、七九六（延暦十五）年十二月四日には銅銙を禁じたこと、八一〇（光仁元）年九月二十八日には石帯に変更したことがわかる。

銙帯は都城をはじめ、国衙に関係した遺跡から多く見つかっている。県内では、鳥羽市贄遺跡から奈良時代のものと考えられる金装の革帯二一点が出土し、その多さから注目された。なお、贄遺跡は、七八三（延暦二）年に斎宮に寄進された麻生浦御厨の一部にあたると考えられているが、銙帯二一点が出土したことについて明確な答えは出ていない。

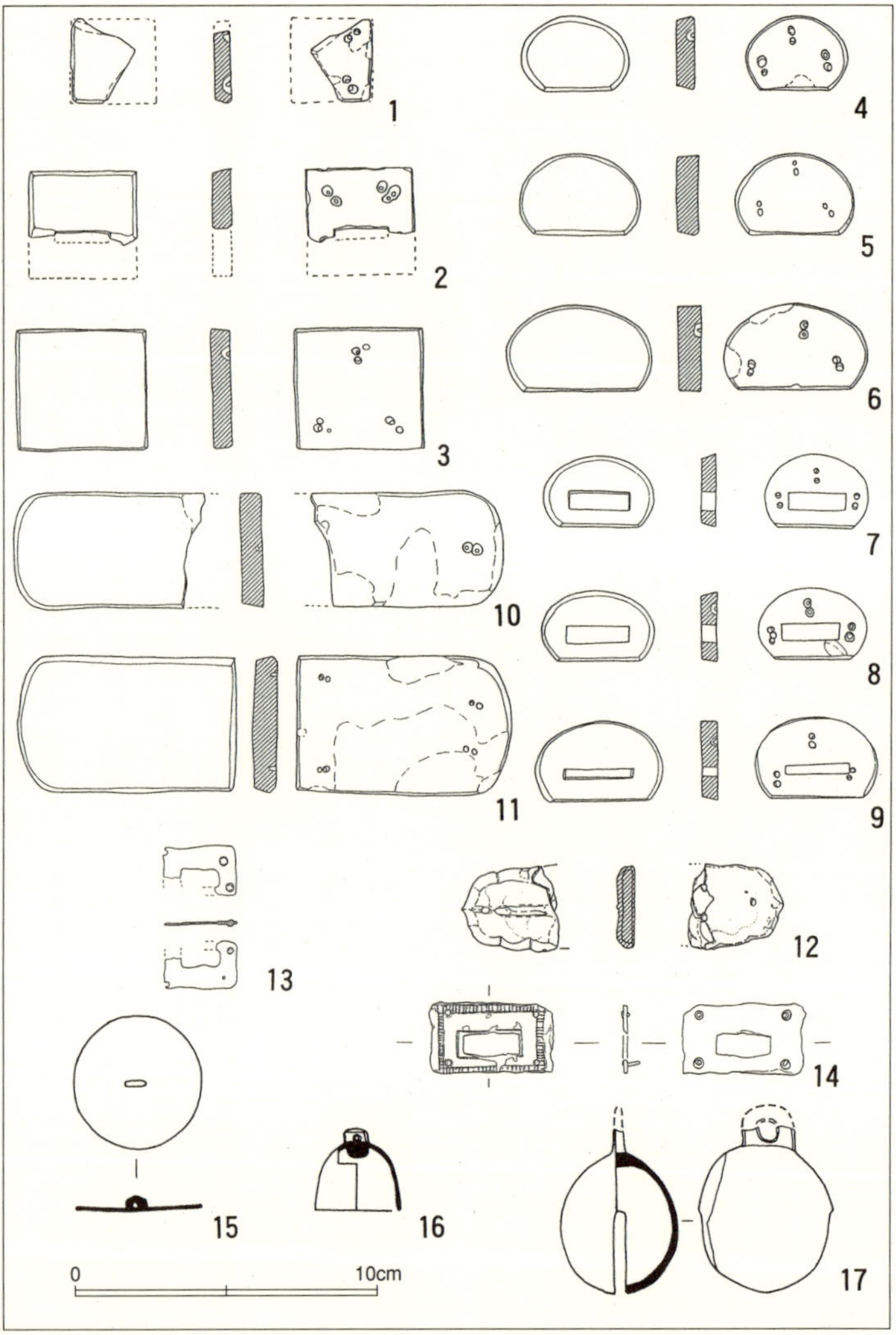

図 43　銙帯（1～3・13・14：巡方、4～9：丸鞆、10～12：鉈尾）・儀鏡（15）・鈴（16・17）

1：第 82−1 次、2：第 121−3 次、3：表採、4：第 23 次 SB 1155、5：第 8−10 次、6：第 38 次、7：第 23 次 SB 1155、8：表採、9：第 54 次、10：第 32 次、11：第 52 次 SE 3260、12：第 108 次 SK 7274、13：第 5 次、14：第 135 次 SK 8647、15：第 52 次 SE 3260、16：第 54 次、17：第 57 次

斎宮では、帯金具三点、石帯一七点が出土している。石帯は、丸鞆九点、巡方五点、鉈尾三点である。金属製品は巡方二点、鉈尾一点の計三点あるが、銙帯ではなく馬具の飾り金具と考えられる。

図44　石帯

石帯一七点のうち、二点が表採で出土場所は特定できないが、一五点のうち史跡東部では一二点出土している。方格地割内でも近鉄線の南側は調査が進んでいないため同一に考えられないが、北側では東側の区画での出土数が少なく、中央に近い区画からの出土例が多い傾向にある。銙帯の時期が限定できる資料は、第五一次調査（西加座北区画）の平安時代初期の土坑ＳＫ三一三〇から出土した丸鞆、第五二次調査（東加座北①区画）の平安時代前期の井戸ＳＥ三二六〇から出土した鉈尾の二点だが、方格地割の成立が奈良時代後期であること、平安時代の遺構から出土したことから、斎宮から出土した石帯は平安時代のものと見て間違いないだろう。

また、石帯のなかに黒色系が八例あり烏油腰帯を意識したものかもしれない。

金属製は三例あり、うち一点は史跡東部の第一〇八次調査（牛葉東区画）で、平安時代前期の土坑ＳＫ七二七四から出土した。三カ所に鋲止めが残り、外面中央に葉脈状凸帯を付け、外縁を花弁状につくる鉈尾と思われる。

残りの二点は史跡西部から出土し、うち一点は毛彫りの馬具で、第一三五次調査で奈良時代前期の土坑ＳＫ八六四七から出土した。長辺四センチ、短辺二センチの方形で、長方形の透かしをもつ金銅製品である。毛彫り馬具は表面に毛彫りが施された金銅製馬具の総称で、面懸、胸懸あるいは尻懸の革帯に装着されていたと考えられる。表面には鍍金が施され、外周縁には鏨で二重に線がめぐらされ、線と線の間を等間隔に刻む。また、透かしの周囲にも一重に線がめぐる。四隅の裏側には、革帯に付けるための鋲留めが四ミリほど残っている。

当初は巡方に相当するものとも考えたが、表面に線をめぐらし、刻目を付ける表現方法は、銙帯の巡方にはないもので、馬具の装飾品と判断した。このような金銅製馬具は古墳出土馬具の最終段階のもので、おもに東日本で出土する例が多い。六世紀前葉あたりが初現とされ、奈良時代中頃には使用されなくなる。

他の一点は、古里Ｄ地区（第五次）の調査の包含層から出土したもので、再整理中に確認した。長辺三・五センチ、短辺二・二センチで、長方形の窓を残す。

これらに関連して興味深い記述がある。時期は九世紀に下るが、『続日本後紀』承和九年五月乙未条には、五位以上の官人に、鞍と馬飾りに金銀を用いるのを許したとある。第一三五次調査で毛彫り馬具の出土した周辺の土坑からは、馬具の轡が出土しており、周辺の遺構の性格を考える上で興味深い資料といえる。

6　文字資料

木簡などが出土していないため、墨書土器、ヘラで文字などが刻まれた刻書土器が数少ない文字資料で、官司名などの新たな情報をもたらしてくれる。墨痕等を含めると一〇〇〇点ほどになるが、判読できる漢字は二〇〇点もなく、ひらがな資料についても少ない。

墨書土器　奈良時代から平安時代中期の墨書土器は、漢字を一字ないしは二字書くものが多く、土師器杯・皿や須恵器杯・蓋などの食器類に墨書されている。平安時代後半のものは、後述するひらがな墨書土器があり、鎌倉時代のものは、山茶碗の底部外面に「○」・「◎」・「×」などの記号や漢字の「大」などが墨書されるものが多い。鎌倉時代のもののうち、史跡西部の古里地区では「熊女（くまめ）」三点、「くま」二点の墨書土器が確認でき、鎌倉時代の女性名の一端を示していると考えられる。

そのなかでも奈良時代後期から平安時代初期のものは、史跡東部に成立した斎宮寮一三司の役所に関係する文字資料が多く、二〇点ほど出土している。

斎宮寮一三司に関係する墨書土器には、「膳」→膳部司、「殿司」→殿部司、「酒」→酒部司、「蔵長」・「蔵」→蔵部司、「水司」・「水部」→水部司、「炊」・「大炊」→炊部司、「駅」→駅官院などの役所名、「目代」・「小允殿」などの官職名のほか、「寮別」・「厨」など役所に関係するものがある。

このなかでも水部司に関係する文字資料には、「水司」・「水部」の墨書土器のほか「水司鴨□」・「水司鴨三」の刻書土器があり、「宮内省主水司」

図45　官司名のある墨書・ヘラ書き土器出土場所

に歴代関与した鴨氏一族が、斎宮の「水氏司」に任命されたことを示す資料である。なお、これらの資料が離れた位置で出土していることや、同じ区画内でも異なる役所名の墨書土器が出土している点を考慮すれば、出土場所がただちに役所の位置という訳にはいかないようである。

ひらがな墨書土器

　ひらがなの成立は九世紀後葉頃で、「をんなで」ともよばれていたように、おもに女性が用いた文字として普及したといわれている。ひらがなが土器に書かれたひらがな墨書土器の出土例は少なく、平安京や斎宮以外ではあまり知られていない。

　斎宮でのひらがな墨書土器は、これまでに約六〇点以上ある。その多くは土師器杯・皿類の底部外面ないしは内外面に墨書されたもので、灰釉陶器椀や土師器高杯・風炉などに書かれたものもごく少量ある。ひらがなの字体は、細い筆で書かれ

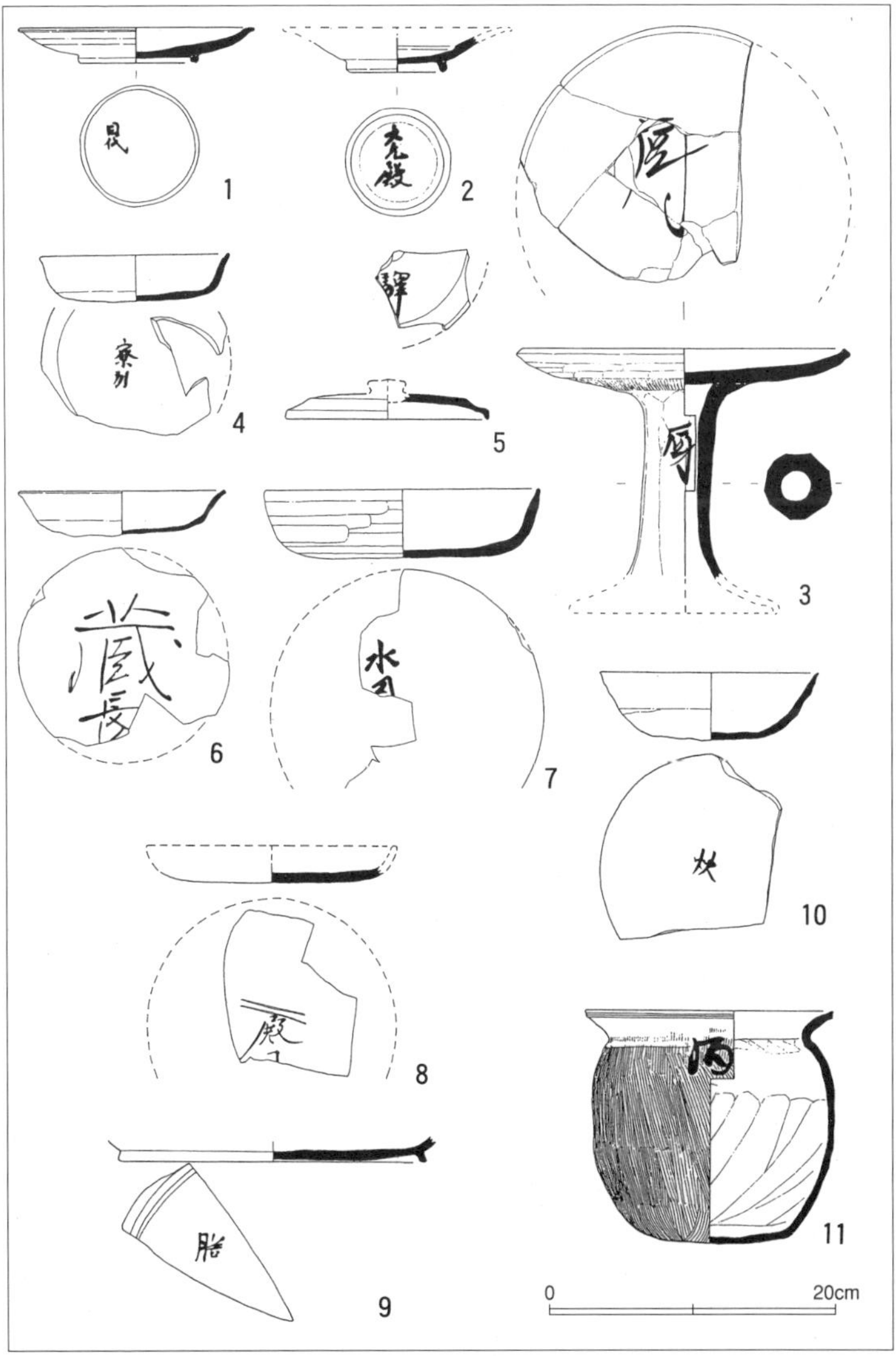

図 46　官司名のある墨書土器（1・2：灰釉陶器、5・9：須恵器、他は土師器）
1：「目代」・2：「小允殿」・3：「廚」第 83 次 SE 5850、4：「寮別」第 34 次 SK 1862、5：「駅」第 24 次、6：「蔵長」第 82 次、7：「水司」第 75 次、8：「殿司」第 57 次 SK 3730、9：「膳」第 46 次 SK 2798、10：「炊」第 69 次 SK 4606、11：「酒」第 69 次 SE 4580

た流麗な筆使いで、器全面に書かれた習書が多く、二～三文字程度しか判読できない。

ひらがな墨書土器の書かれた年代は、土器の年代から判断して平安時代中期、とくに十世紀前半から十一世紀後半に属すると思われるものが多い。『斎宮跡調査報告Ⅰ』を報告するなかで、第四四次調査の九世紀後半のＳＫ二六九五出土土器を再整理したところ、ひらがな墨書土器の可能性が高い土師器杯・皿が確認された。ひらがなが成立して間もない頃のものでもあり、類例の増加を待ちたい。

ひらがな墨書土器は、方格地割内からの出土が大半を占める。鍛冶山西・牛葉東区画間にある道路西側溝付近からの出土数が多い。道路側溝ＳＤ五七八からは、十一世紀後半の遺物が多量に出土しており、ひらがな墨書土器のほか人面墨書土器も出土している。ひらがな墨書土器は判読不明なものが多いが、なんらかの祭祀にともなって人面墨書土器とともに一括投棄されたものかもしれない。

鍛冶山西区画は斎王の居住と推定され、それに西接する牛葉東区画は、十世紀後半以降、鍛冶山西区画の内院としての機能低下にともなって、内院的機能を担っていたとされる区画でもあり、斎王に仕える女官や下女たちが生活をした場所とも考えられる。

7　祭祀遺物

古代においては、病気や厄災、さらに日常の安全を脅かすものを外に追う払う、また、それらが入り込むのを防ぐため、国家的規模から個人までさまざまな祭祀があった。とくに天武・持統朝以降の律令制が確立された時代には、木製形代《かたしろ》を中心とした祭祀具が宮都で大量に出土するとともに、全国の官衙遺跡へと広がっていった。

これら祭祀具を律令的祭祀遺物ともいい、使用された形代にはさまざまなものがある。最も代表的なものは人形《ひとがた》で、ほかに馬・鳥形などの動物、刀などの武器類、刀子などの工具類、琴・鐸などの楽器類や紡織類、玉・鏡などの装身具類などがあり、実用の土器を小さくつくったミニチュア土器も祭祀具といえる。

また、地鎮、鎮壇にともなう祭祀も同様に広がり、律令的祭祀には形代が、地鎮などには実物が用いられた。これらの素材は木製、金属、土、石、紙などがあるが、紙などについては、文献史料に記載はされているが遺存しにくいため確認されていない。

斎宮から出土した祭祀遺物のうち、木製品や金属製品は少なく、大半は土製品である。土製品には、ミニチュア土器をはじめ、土馬や人面墨書土器がある。また、貨幣を埋納した地鎮にともなうと考えられる遺構も確認されている。

木製品

史跡内の大半が水はけのよい台地上に立地するため、木製品は深さ三メートル《メートル》ほどの井戸底からしか出土しない。製品として判明するものには、斎串や櫛などがある。

斎串は、祭祀具として地面などに突き刺して結界を表したと考えられている。第三七―四次調査（西前沖地区）の井戸SE二四六〇や第九〇次調査（西加座北区画）の井戸SE六四一〇から出土した。前者からは上端が欠損するものが一点、後者からは二点出土した。

刀形木製品は、第六一次調査（西加座北区画）の井戸SE四〇五〇から出土した。刀身と柄の境が不明確なもので、刀身は両面から削られ、先端は斜めに切り落として切っ先を表現している。柄は鏑にあたる稜が弱く、平坦なつくりとなっている。この井戸の下層から、ほかに人面墨書土器や曲げ物の破片が出土している。

櫛は四例あり、挽歯横櫛で、いずれも長方形状のものである。完全な形で残っていた櫛は、第九〇次調査（西加座北区画）の平安時代前期の井戸SE六四一〇から出土した。幅三・九センチ、長さ九・三センチのもので、これ以外は残片である。出土した櫛は、女官たちが使ったものであろう。

このほかの木製品は第六二次調査（東加座南②区画）の井戸SE四一五五下層から横斧の柄、棒状工具の柄、刀子の柄などが出土しているが、その大きさから見て実用品と思われる。井戸は深いため、完掘例が少ないが、今後も木製品が期待される。

金属製品

鏡や鈴のほか、地鎮にともなう遺構に貨幣が埋納されていた。

小型儀鏡が第五二次調査（東加座北①区画）井戸SE三二六〇から出土した。平安時代前期のもので、径四・三センチ、厚さ〇・五ミリを測り、背面は鑢がけし、紐を通す鈕が付く。

鈴は三点ある。第五四次調査（西前沖地区）のものは、一体づくりで、鈕は一部欠損し真半分に割れた状況で出土した。第五七次調査（東加座地区）のものは、径が二・八センチの小型品で、分割してつくられた上半分で鈕が残っている。第九八次調査（鍛冶山西区画）からも細片が出土している。

また、貨幣の埋納された土坑墓、あるいは地鎮にともなう遺構も三例ある。第一三二次調査（西加座北区画）では、須恵器杯蓋の被せられた杯身内に納められていた。遺構は径〇・三メートルほどの穴で、杯内部には和同開珎が五枚納められていた。奈良時代後期の柱穴より新しいことが確認されており、和同開珎の鋳造年代の時期とは合わない。貨幣を土器のなかに入れるのは、子供の成長を願う胞衣壺の可能性もあるが、埋納遺構の位置は役所内でも、掘立柱建物が密集する地域であり、掘立柱建物の地鎮にともなう遺構の可能性が高い。

図 47　地鎮？（なかに和同開珎 5 枚）

土製品　ここでは、土馬・ミニチュア土器・人面墨書土器について概述する。

まず土馬であるが、土馬は古墳時代から奈良時代にかけて盛行した祭祀遺物で、とくに都城を中心とする畿内では、「大和型」とよばれる三日月形の馬面で小型の裸馬が多く出土する。土馬は、祈雨あるいは止祈雨の祭祀に用いられたとも、疫神の乗り物とされる馬を壊すことにより疫神を追い払ったともいわれている。

斎宮の土馬は三〇点以上あり、溝などの遺構から出土することが多く、すべてが破片である。一例を除き、全長は復原すると二〇センチほどになる。

馬具の表現方法により、A粘土紐貼り付けにより鞍から障泥までの馬具を表現したもの、B粘土紐とヘラ書きによる線刻で馬具を表現したもの、C粘土紐の貼り付けにより鞍のみを表現したもの、D馬具を表現しない裸馬の四者があると思われる。

　Ａとしたものは一点ある。史跡西部の飛鳥時代から奈良時代にかけての大溝から出土した朱塗りの土馬で、頭・脚・尾を欠損するが現長二九センチ、高さ一七・五センチで、馬具は前輪、後輪と居木を粘土紐貼り付けで表現する。居木から下には鐙につなぐ粘土紐が残り、障泥の表現の痕跡も見られる。頭部・尾部は欠損するが、手綱・面綱、胸繋、尻繋などが粘土紐貼り付けで表現されるなど写実性が非常に高い。胴部には竹管文が数カ所施されるほか、朱の痕跡が斑点状に残っているが、何を表現しているのかは不明である。ここでは土馬としてあげたが、表現から見ると馬形埴輪に近い。

　Ｂで全体像が判明しているものは、史跡西部で二点出土している。鞍の前輪と後輪を粘土紐貼り付けで表現し、居木はヘラ書きで表現する。手綱、面繋などはヘラ書きで表現し、尾部にも尻繋を表現したと思われるヘラ書きが残る。二点のうち一点は鬣もヘラ書きで表現し、胴部は中実で、尻部に棒が差し込まれた痕跡が残る。

　Ｃで全体像がわかるものは、史跡西部で二点ある。面繋、鬣がヘラ書きで表現される。ＡとＢが奈良時代前半の大溝から出土していること、表現方法がＡ・Ｂよりも簡素であることから、Ｃとしたものが新しいと考えられる。

　Ｄの鞍の表現のないものは、一点ある。胴部後半部が残存していたもので、頭部の表現は不明である。史跡東部の平安時代前期の土坑から出土した。

　馬具の表現方法の不明な土馬は、史跡東部で頭部片や脚部片などが一〇例ほどある。頭部の残るものでも、鬣の表現は見られず、省略化される傾向が認められる。頭部は粘土を縦方向に貼り付け

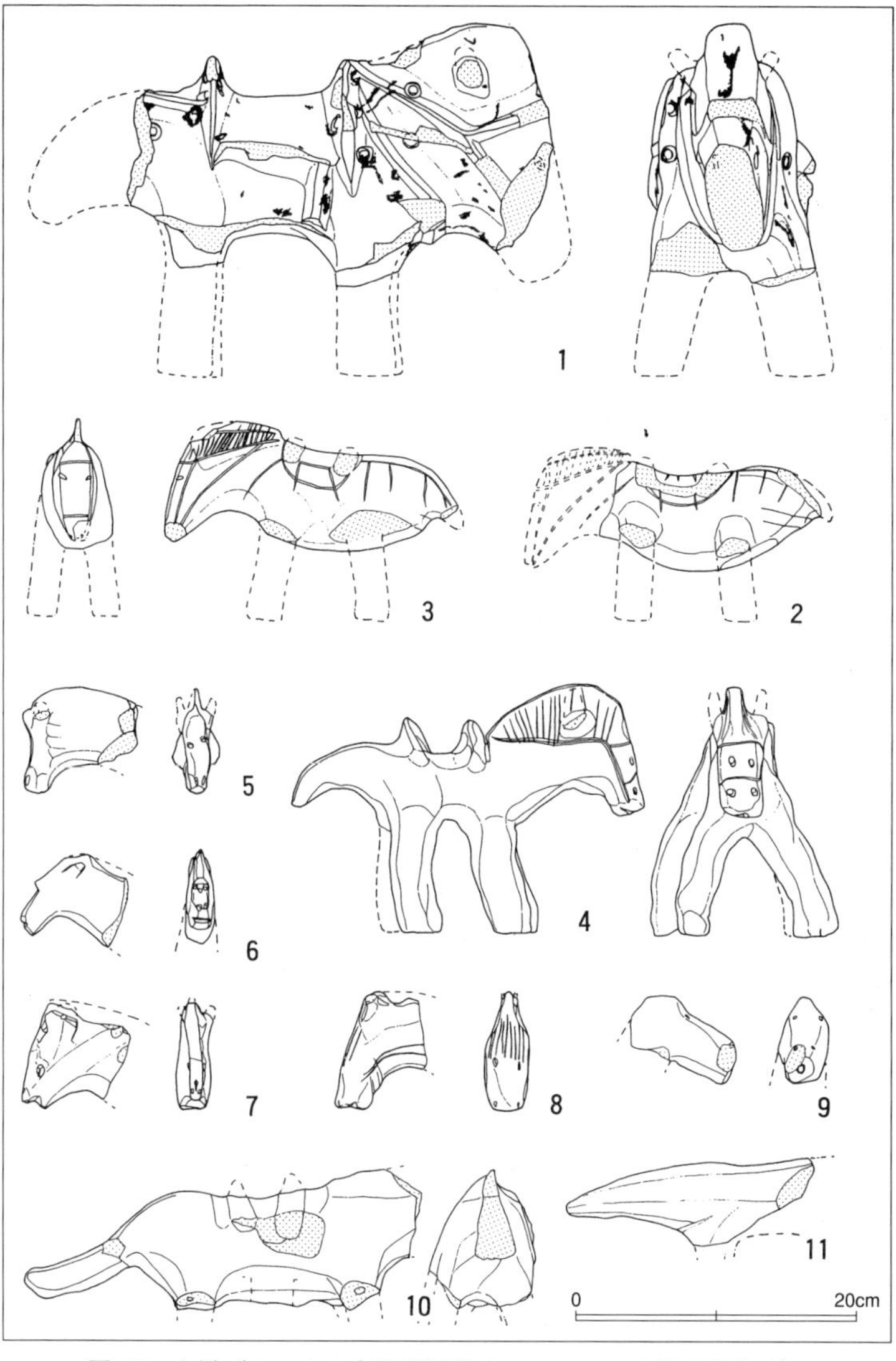

図 48　土馬（1～4：史跡西部出土、5～11：史跡東部出土）

1：第 3 次 SD、2：第 4 次 SD、3：第 4 次、4：第 3 次、5：第 8－6 次、6：第 80 次 SK 5380、7：第 41 次、8：第 33 次、9：第 63 次、10：第 63 次 SD 2357、11：第 29 次 SK 1486

図49　土馬

て潰したようで、細長い顔をもつ顔となっており、史跡西部の土馬の顔と比較しても簡略化されている。これらのなかで製作技法が異なるものが一点ある。頭と脚が欠損するが、鞍の表現は前輪・後輪が粘土貼り付けで、手綱、胸繋などの表現はない。鞍は剥離の痕跡から推定すると、障泥の表現された可能性が残る。他の土馬と異なるのは、胴部は中空で腹部に径二センチほどの穴が穿たれている。

出土した土馬の年代が確定できるものは少ない。表現の緻密なものの多くは、史跡西部から出土する傾向にあり、遺構にともなわないものもあるが飛鳥から奈良時代中頃までと想定できる。一方、史跡東部から出土したものは、簡略化された表現方法で、頭部・脚部片の小片で出土する。平安時代前期の土坑などから出土することもあるが、方格地割の成立時期ともかかわる奈良時代後半から使用されたと考えられる。

土馬に関連して、馬歯の例もある。第六一次調査（西加座北区画）の井戸SE四〇五〇からは、上顎臼歯一本、下顎臼歯三本の馬歯が出土した。井戸は平安時代前期に掘削され、平安時代後期以降に井戸の機能をなくしたためか埋め立てている。馬歯は埋め立てる直前の層から出土しているため、機能停止にともなって、井戸の祭祀を行ったものと考えられる。

次にミニチュア土器についてであるが、斎宮跡

図 51　ミニチュア土器

図 50　馬歯

からはすでに一七〇点以上が確認されている。灰釉陶器、須恵器、黒色土器などは三〇点ほどと少なく、残りの約一四〇点が土師器である。須恵器や灰釉陶器は壺類が多く、托や円面硯など特殊なものもある。

土師器のうち、竈、甑、甕などの煮沸具は竈神祭祀にともなうものと考えられ、八世紀に出現し、九～十世紀には消滅するといわれているが、斎宮の時期の判明するものから見ると、八世紀後半から九世紀にかけて盛行するようである。竈、甑などの出土場所は限定され、鍛冶山西区画からは竈五点、甑一点、西加座南区画から竈三点、西加座北区画から甑五点となる。鍛冶山西区画では竈、甑、甕以外にも杯や壺の出土点数が多く、竈や甕などのミニチュアについては疫病や疾病を防除する祭祀にかかわるものとも見られ、今後の検討が必要である。

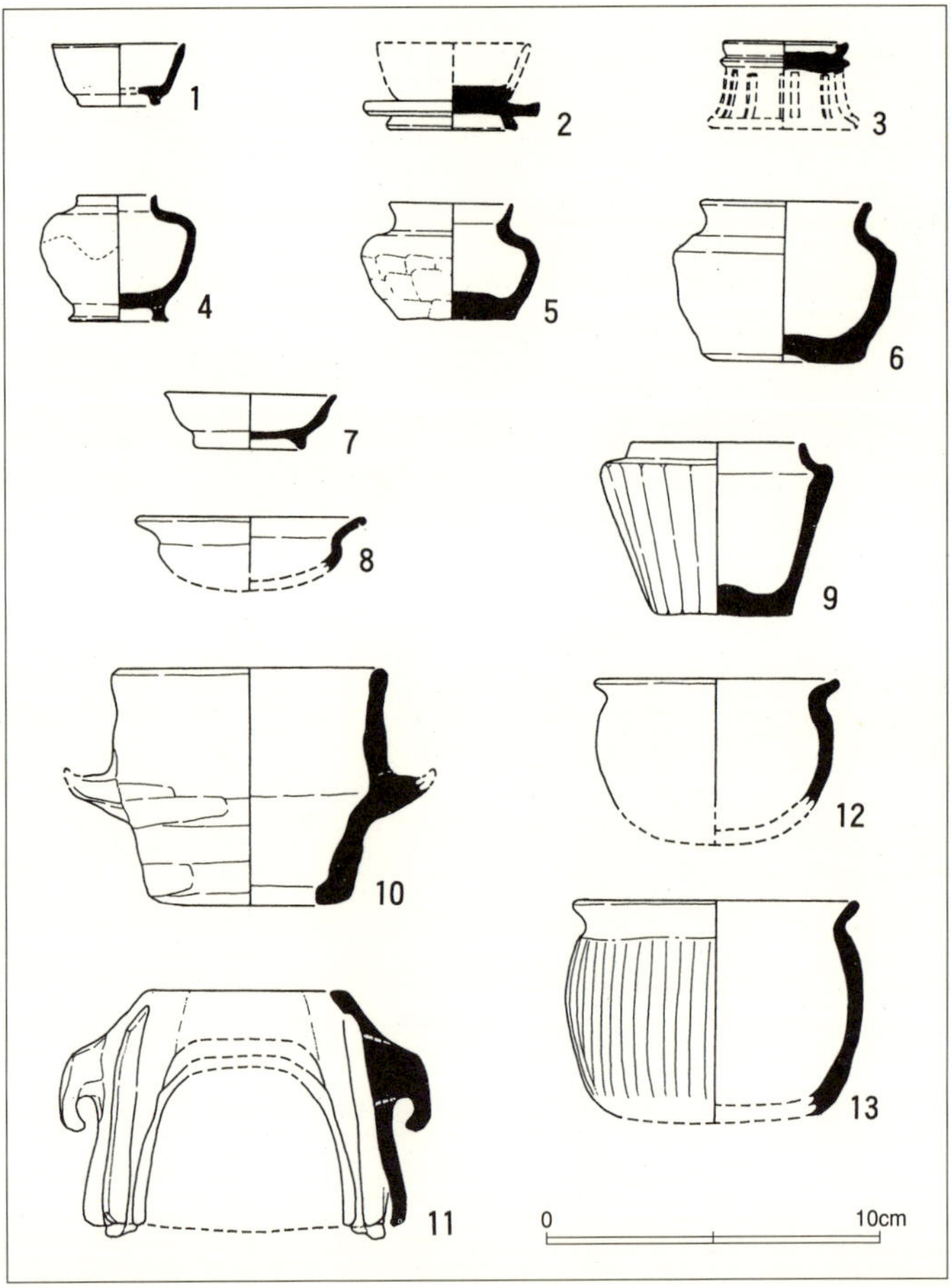

図52　史跡東部から出土したミニチュア土器（1～3・5・6：須恵器、4：灰釉陶器、7～13：土師器）

1：杯（第37-13次 SB 2490）、2：托（第52次 SE 3260）、3：円面硯（第79次 SK 5340）、4・5：壺（第66次）、6：壺（第57次）、7：杯（第63次 SK 4224）、8：鉢（第78次 SK 5266）、9：壺（第44次 Sk 2706）、10：甑（第61次 SK 4060）、11：竃（第44次 SK 1415）、12：甕（第44次 SK 1425）、13：甕（第57次 SK 3720）

土製品祭祀具として、最後に人面墨書土器について触れる。古代の人面墨書土器は、おもに土師器の甕の体部外面に墨書するもので、奈良時代に出現し、奈良時代後期から平安時代初めにかけて盛行した後、平安時代前期には使われなくなる。書かれた顔は、穢れを運ぶ疫病神を表し、疫病神を甕に封じ込め、穢れを流すために使用されたと考えられている。

人面墨書土器は、奈良時代の平城京では溝や流路などで多く出土しており、書かれた土器を流すことに目的があったことを裏づけている。また、当初は日常の土師器甕を転用していたが、大量に使用するために専用の土師器甕が生産されるようになった。この甕は、体部外面のハケメが省略され、外面型作りで生産されるなど、実用の甕とは異なる。顔の表現方法は、正面から見た、髭の多い猛々しい表現で、畏怖を与えるものが多いが、顔を単純化したものや、顔全体ではなく髭の象徴であるような斜線や波形の文様を描く例もある。

三重県を含む東日本においては、土師器甕に書かれた人面墨書土器の出土例は都城と比較して少ない。土師器甕に書かれるものは多賀城や秋田城など東北からの例が多く、土師器杯などの食器類に書かれるものは関東や北陸などでわずかに出土している。杯に書かれる場合でも底面ではなく、側面に書かれることが多く、置いても見えることを意識したのかもしれない。なお、全国に広がったとはいえ、畿内では奈良・京都・大阪を中心とし、西日本でも九州の太宰府の近辺など、地域が限定されている。

斎宮の人面墨書土器は、都城で盛行した時期より下り、平安時代前期の高杯や平安時代後期の土師器小皿に書かれたもの四点の計五点が確認されている。その顔の表現法は、髭などの猛々しい疫

図53　人面墨書（高杯）

病神を表したものは少ない。

　高杯の脚部に書かれたものは、第六一次調査（西加座北区画）の井戸ＳＥ四〇五〇の最下層から出土した。井戸の最下層の年代は、平安時代前期に比定され、十世紀後半に埋没している。杯部は残存していないが、脚裾部外面には約一〇面の省略された顔が、脚柱部外面には唇と思われるものが書かれる。脚裾部内面にも顔の右半分の大きくていねいに書かれた目、眉毛、髪の毛、髭の墨書が残る。保存状況の違いから裾部内外面の黒斑部分にのみ墨痕が残存しており、本来は、裾部内外面の全面に書かれていた可能性がある。

　他の四点は、平安時代後期の土師器小皿の外面に書かれている。土師器小皿は口径が約一〇センチ前後の小形品で、十世紀後半のものである。うち三点は第一〇次調査（牛葉東区画）の溝ＳＤ五七八から、一点は内山東区画の井戸ＳＥ二〇〇〇から出土した。いずれも目・口・鼻が省略された筆跡で表現されるもので、なかには目の上の額にも一文字が引かれ、女性を表したとも考えられるものが一点ある。

　これら斎宮の人面墨書土器を見てみると、高杯

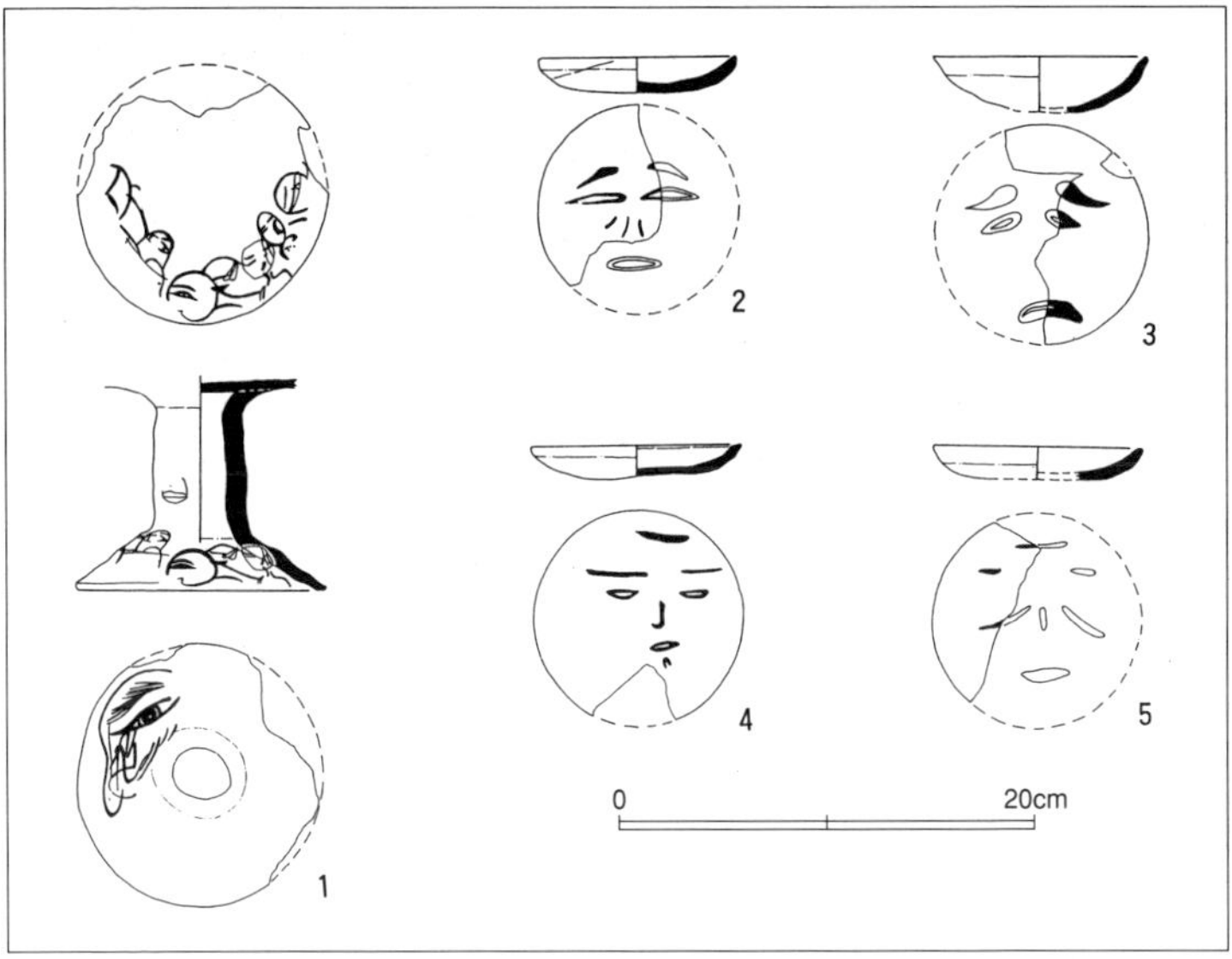

図 54　人面墨書
1：第 61 次 SE 4050、 2～4：第 10 次 SD 578、 3：第 31- 4 次 SE 2000

は井戸の祭祀にともなうものとも考えられ、小皿は周辺で仮名文字を描く小皿も多量に出土しており、斎王に付き添った女官たちが描いた戯画の可能性が高い。

斎王の居住する場所は、その性格を考えると神聖な場所であることが求められており、穢れを流すような祭祀は内院を含む地域では不適当と判断されたため、祭祀が行われていない可能性もある。しかしながら、県内でも人面墨書土器の出土が少ないことから、人面墨書土器を使う祭祀は採用されていない可能性が高い。

県内では、松阪市曲遺跡の一例だけである。十世紀後半のロクロ土師器杯内面に書かれたもので、眉毛や目、鼻などが表現されている。同じ遺構から内面に魚、外面に人物の目と思われるものが表現されている土師器小皿もあるが、内面に書かれることから見て、戯画の可能性が高い。

図 55　白石・黒石

石製品

祭祀専用の石製品の出土はないが、柱穴内から多量の小石が出土するという特異な例がある。第八―一〇次調査（楽殿地区）のトレンチ調査のため、どのような掘立柱建物になるかは不明であるが、柱掘形は一辺〇・四メートルの方形で、埋土から径一センチ、厚さ〇・五センチほどの黒石三〇七個、白石一三八〇個の小石が出土した。小石は、ほぼ同じサイズであることから、偶然混入したものではなく、選別して埋納したと考えられる。

黒石・白石といえば、聖なる区域や結界を示すことが神社などで表示される玉石や砂利敷きで見受けられる。このような小石が遺構から多量に出土する類例はなく、判断に迷うところである。出土した柱穴は、掘立柱建物の柱穴とは考えがたく、地鎮にともなうものか、神の宿る「神の御柱」的な役割をした柱かもしれない。

Ⅷ　斎宮の活用

1　保存管理計画

問題の発生

昭和四十年代後半の発掘調査の進展により、史跡指定範囲がしだいに明らかになると、指定後の土地の取り扱いが問題となってきた。史跡指定予定地内には、二〇〇〇人の住民が日々生活をしており、すでに史跡に指定され、土地公有化・史跡整備も進んでいた福岡県太宰府跡、福井県朝倉氏館跡等の例を参考にして、地元住民との話し合いが重ねられた。当時、太宰府跡の管理団体は太宰府町、朝倉氏館跡は足羽町と、斎宮の明和町と同じ町単位で、町と県との役割分担など参考になることが多かった。

指定後の土地利用の仕方、買収された土地の取り扱い、史跡整備の方法等について県、町による説明会が地元住民に対して幾度となく開催された。一九七七（昭和五十二）年三月八日には文化庁調査官より、指定後は「保存管理計画」にもとづき土地利用に規制がかかるが、地権者の理解と納得を得た上で指定されることが強調された。

県・町の業務分担については、一九七八（昭和五十三）年十二月二十二日付で副知事と町長との間で覚え書きが交わされた。これにより、明和町は史跡の管理団体となり、保存管理計画を策定し、史跡の公有化、管理、史跡への見学者対策等、県は発掘調査の実施と展示施設や遺構の復元等整備を行うとともに町への指導助言、財政的援助を行うこととなった。

保存管理計画は、発掘調査結果にもとづき、土地利用区分や、現状変更の規制内容を決めるものである。このことは、地域住民の犠牲を強いるものでなく、管理計画策定に住民の意向が十分反映されなければならないということをふまえ、たび重なる地元住民との話し合いを経て、一九八〇（昭和五十五）年三月、明和町が「史跡斎宮跡保存管理計画」を策定した。

最初の保存管理計画は、これまでの発掘調査の結果、重要な遺構、遺物が確認された斎王の森を中心に牛葉地区の近鉄線の北側を「公有化（A・B）地区」、重要な遺構、遺物が予想されるA・B地区の東西に位置する中町地区の北側および竹川地区の北側の水田、畑を「準公有化（C）地区」、さらに住宅地に隣接し、宅地化が将来予想される近鉄線南側にある参宮街道の住宅地周辺および史跡北側の斎王地区を「準住宅（D）地区」、すでに小学校、集会所や住宅地となっている個所を「住宅（E）地区」と土地利用区分を決めた。

これにより、A・B地区は現状変更を認めず、公有化を進め、整備を実施して史跡の活用を図る、C地区は原則として現状変更は認めず、調査結果にもとづき土地公有化を検討する、D・E地区は住民の住宅用地であり、原則として土地公有化を行わず、現状変更も認めるとした。発掘調査はA・B・C地区においては計画的に進めるが、D・E地区では家屋の新築の際に必要に応じ緊急

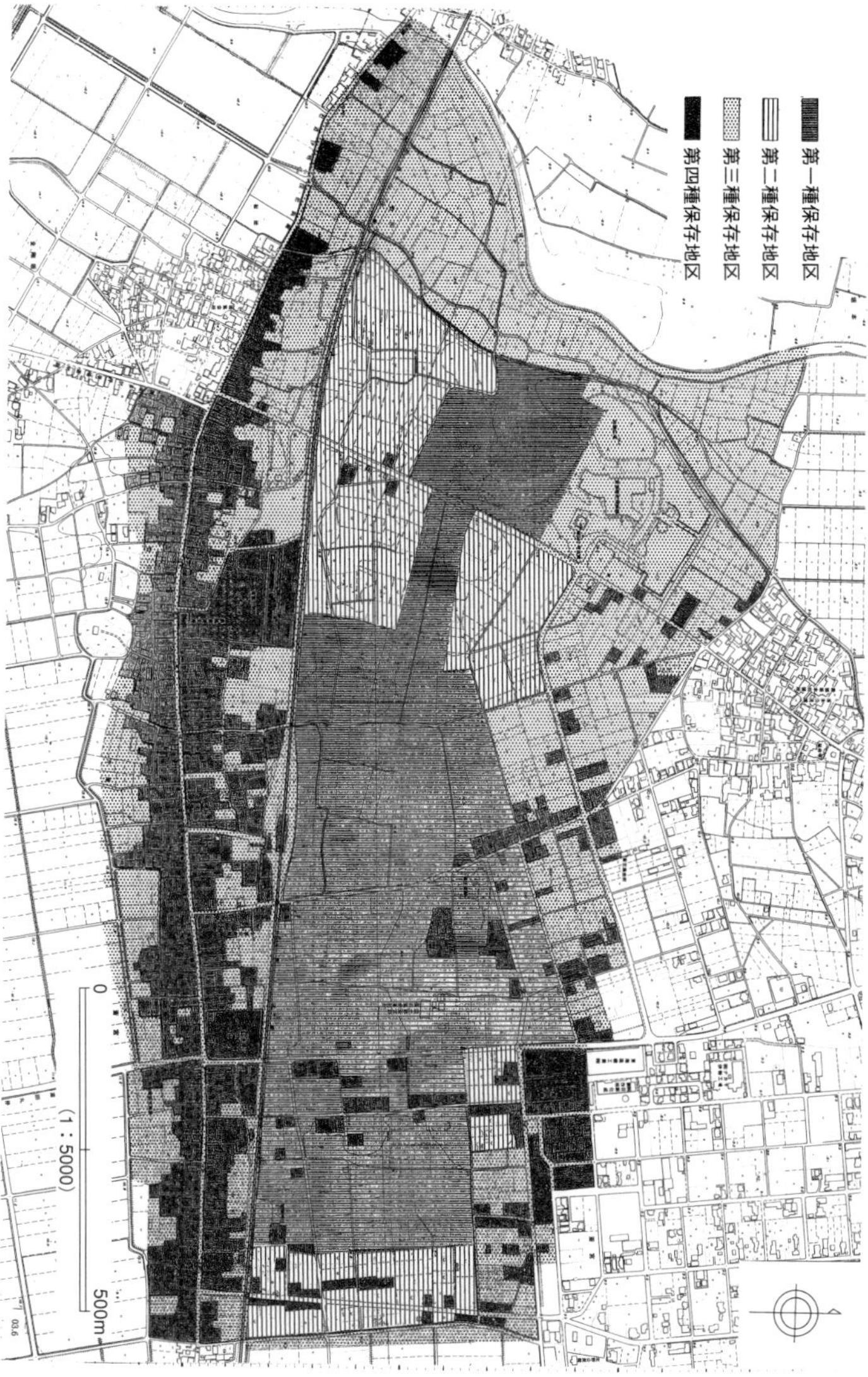

図56 土地利用区分

調査を行うことになった。

保存管理計画の見直し　当初の保存管理計画の見直しは、当初予定の三カ年を経ても決着がむずかしく、幾度となく地元説明会が開催され、文化庁を迎えての説明会ももたれた。一九八三（昭和五十八）年には、これまで公有化地区と呼称していた名称を「第一種保存地区」、準公有化地区を「第二種保存地区」、準住宅地区を「第三種保存地区」、住宅地区を「第四種保存地区」と改称し、古里地区南部と史跡中央より古里地区へ通じる古道沿いが第一種保存地区に編入されることとなった。

史跡指定後も継続的に発掘調査が進められ、牛葉地区から中町地区にかけて、平安時代の斎宮の中心部と思われる箇所がしだいに明らかになってきた。また、史跡指定前から三重県文化財を守る会等によって行われていた講演会は、指定後も引きつづき開催され、斎宮跡の保存のあり方、とくに準公有化地区の取り扱いについて、公有化対象地区への編入等が要望された。

第二種保存地区の近鉄線北側の中町地区から古里地区への広範囲を第一種保存地区とし、その他を第三種地区に変更しようという案であったが、住宅地が少なくなること、生活環境整備の遅延等により住民の理解がなかなか得られなかった。

この間、前沖川やエンマ川の改修、下水工事、道路舗装と明和町による生活環境整備は積極的に進められ、一九八九（平成元）年に斎宮歴史博物館が開館した。これにともなう整備が各所で進んだことにより、一九九六（平成八）年三月に、祓川沿いの水田および博物館北側、東側の畑地を第三種保存地区に編入した。また、見直しにともなう現状変更、土地公有化、発掘調査、史跡整備にかかわる運用基準を定めた覚え書きが町と地権者の間で結ばれた。

一九九六（平成八）年度「史跡斎宮跡整備基本構想」が作成され、一九九七（平成九）年度からは「斎宮跡歴史ロマン再生事業」が始まり、明和町をはじめ地域の人びとののぞんできた全国的に誇れる史跡整備が具体化し、二〇〇三（平成十五）年三月に第二種保存地区の大部分を第一種保存地区に編入し現在にいたっている。

2　整備計画

斎宮跡の整備については、さまざまな計画が策定されているが、次に紹介する例がその代表的なものである。

史跡斎宮跡整備基本構想検討調査報告書　史跡整備は一九八二（昭和五十七）年度に斎王の森地区で初めて実施されて以後、継続的に国庫補助事業として塚山地区や上園地区で実施されてきた。しかし、いずれも小規模なものであり、芝張り等の暫定的な整備であった。しだいに史跡の内容も明らかになり始め、また公有地も面的な広がりを有するようになり、本格的な史跡整備の必要性にせまられてきた。

一九八五（昭和六十）年度、一九八八（昭和六十三）年度に作成した整備基本構想試案および基本設計書で提示された各地区の性格を活かした整備案を基に、斎宮跡を中心とした地域の発展と町が実施する生活環境整備にも配慮した長期的方針を作成することになった。

そこで三重県教育委員会は一九九四（平成六）年度に斎宮跡整備基本構想を策定するための検討を行うことにした。鈴木嘉吉奈良国立文化財研究所長（当時）を委員長とする整備基本構想検討委員会、関係行政職員による幹事会および作業部会

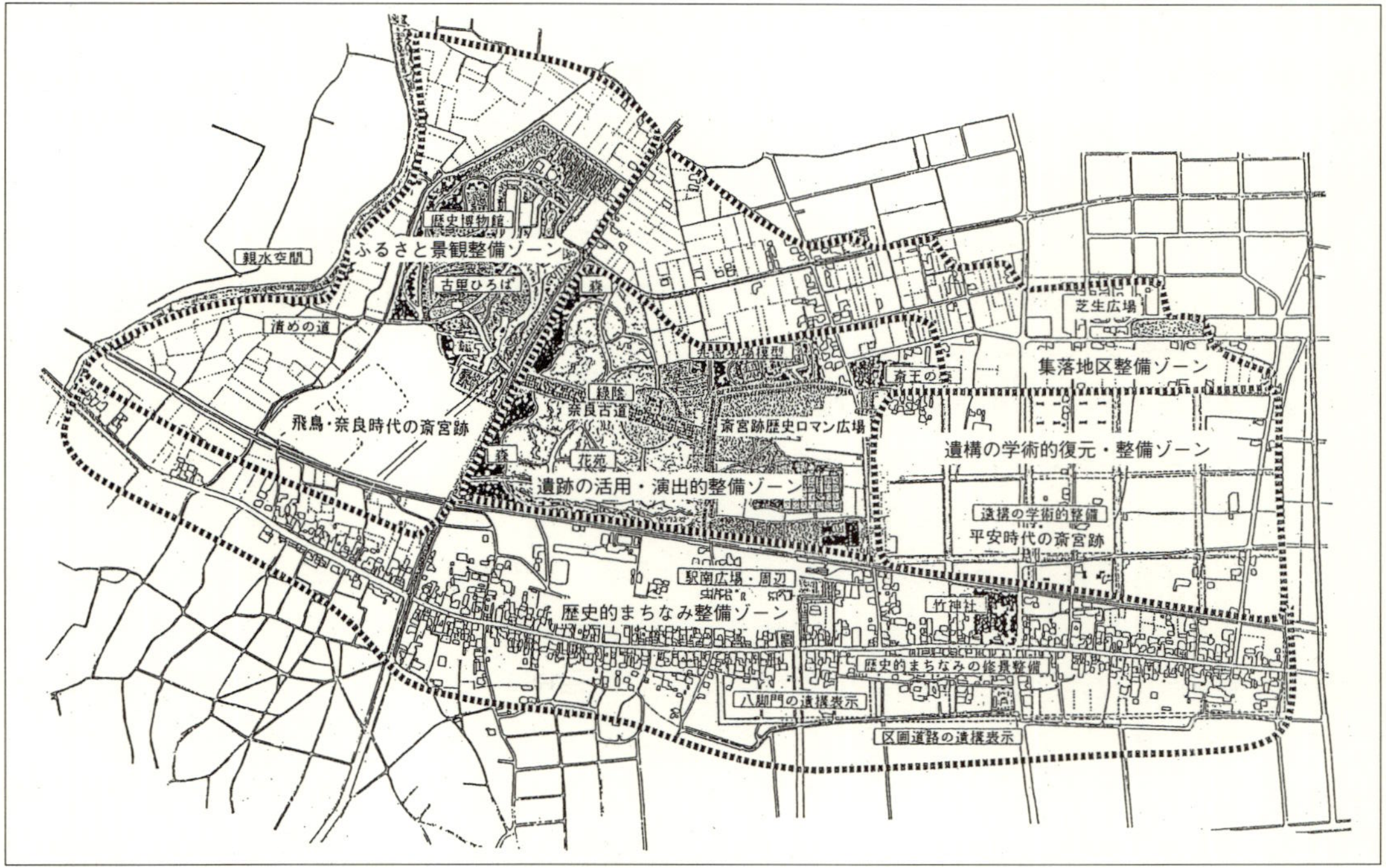
親水空間
歴史博物館
ふるさと景観整備ゾーン
古里ひろば
清めの道
森
飛鳥・奈良時代の斎宮跡
緑陰
奈良古道
斎宮跡歴史ロマン広場
花苑
遺跡の活用・演出的整備ゾーン
斎王の森
芝生広場
集落地区整備ゾーン
遺構の学術的復元・整備ゾーン
遺構の学術的整備
平安時代の斎宮跡
駅南広場・周辺
歴史的まちなみ整備ゾーン
竹神社
歴史的まちなみの修景整備
八脚門の遺構表示
区画道路の遺構表示

図 57　ゾーン区分図

を組織して進められた。

これまでの発掘調査や土地公有化状況、既往計画等を確認し、水系、土地利用状況、交通等の現状を把握した上で、史跡を五つにゾーン区分し、各ゾーンの整備の方向づけと事業内容を想定した。

まず史跡東側で近鉄線北側の中町地区は、区画道路に囲まれた部分を「遺構の学術的整備ゾーン」とし、斎宮駅北側、区画道路で囲まれた部分の北西部分を「遺構の活用・演出的整備ゾーン」に、旧参宮街道の沿道集落地区は「歴史的まちなみゾーン」に、史跡北側部分の集落地区は「集落地区整備ゾーン」に、史跡西部の古里地区はすでに斎宮歴史博物館や古里ひろばが整備されており、その西側の水田地帯とともに「ふるさと景観整備ゾーン」と位置づけている。ゾーンごとに整備目標を立て、また、各ゾーンは歩行者、自転車の回遊ルートを設置するよう提言している。さらに遺構の保存と快適な住宅地の融合を目指し、道路や上下水道、公園等の整備にも言及している。

史跡斎宮跡整備基本構想　一九九四（平成六）年度に作成した「整備基本構想検討調査報告書」によって「遺構の活用・演出的整備ゾーン」と位置づけられた斎宮駅の北側は、本格的整備を実施することになった。

一九九五（平成七）年度に三重県教育委員会と明和町教育委員会は、基本構想検討調査報告書の内容を両者の基本的な整備に対する考え方として確認しあい、今後はこの基本構想をもとに整備を進めることになった。

史跡斎宮跡「遺構の活用・演出的整備ゾーン」整備基本計画　史跡斎宮跡整備基本構想をまとめるとともに、史跡等活用事業の具体的内容を煮詰めるべく「遺構の活用・演出的整備ゾーン」の基本計画を作成することになった。

施設の機能は、ガイダンス機能と体験学習機能、アメニティー機能を合わせもつサイトミュージアムとすることを基本方針とし、総合的通史的な展示機能をもつ斎宮歴史博物館と、奈良時代後期を野外展示するこのサイトミュージアムとの両者によって、斎宮跡を人びとに広く親しんでもらえるものとすることを目的としている。

ガイダンス機能としては史跡の十分の一模型、区画道路と並木の復元、塀や柵の復元表示、ガイダンス施設を、体験学習機能として体験学習施設、古代農耕体験場や発掘体験フィールド、アメニティー機能として森や広場、湿地の整備をあげている。具体的には遺構面の保存、一〇分の一建築模型の展示、その材質、表示レベルの検討、休憩施設や覆屋をもつ発掘体験場や体験学習施設および学習内容の試案を、さらに施設の管理、運営等についてもその方法等について提示している。

3　史跡整備と活用

斎宮歴史博物館　宮城県多賀城跡、福井県朝倉氏館跡、福岡県太宰府跡など広大な面積を有する史跡では、いずれも史跡管理を町が行い、博物館は県が建設、管理運営を行っていた。三重県においては、県立博物館が開館以来すでに三〇年以上が経過し、新博物館の建設の必要性が叫ばれて久しく、一九八五（昭和六十）年に今後の県内博物館のあり方について検討を行うことになった。同年六月三重県文化審議会に「三重県立博物館の整備について」諮問を行った。一九八六（昭和六十一）年二月に三重県文化審議会より答申された「三重県における博物館構想」では、センター博物館と各地域の特性を活かした

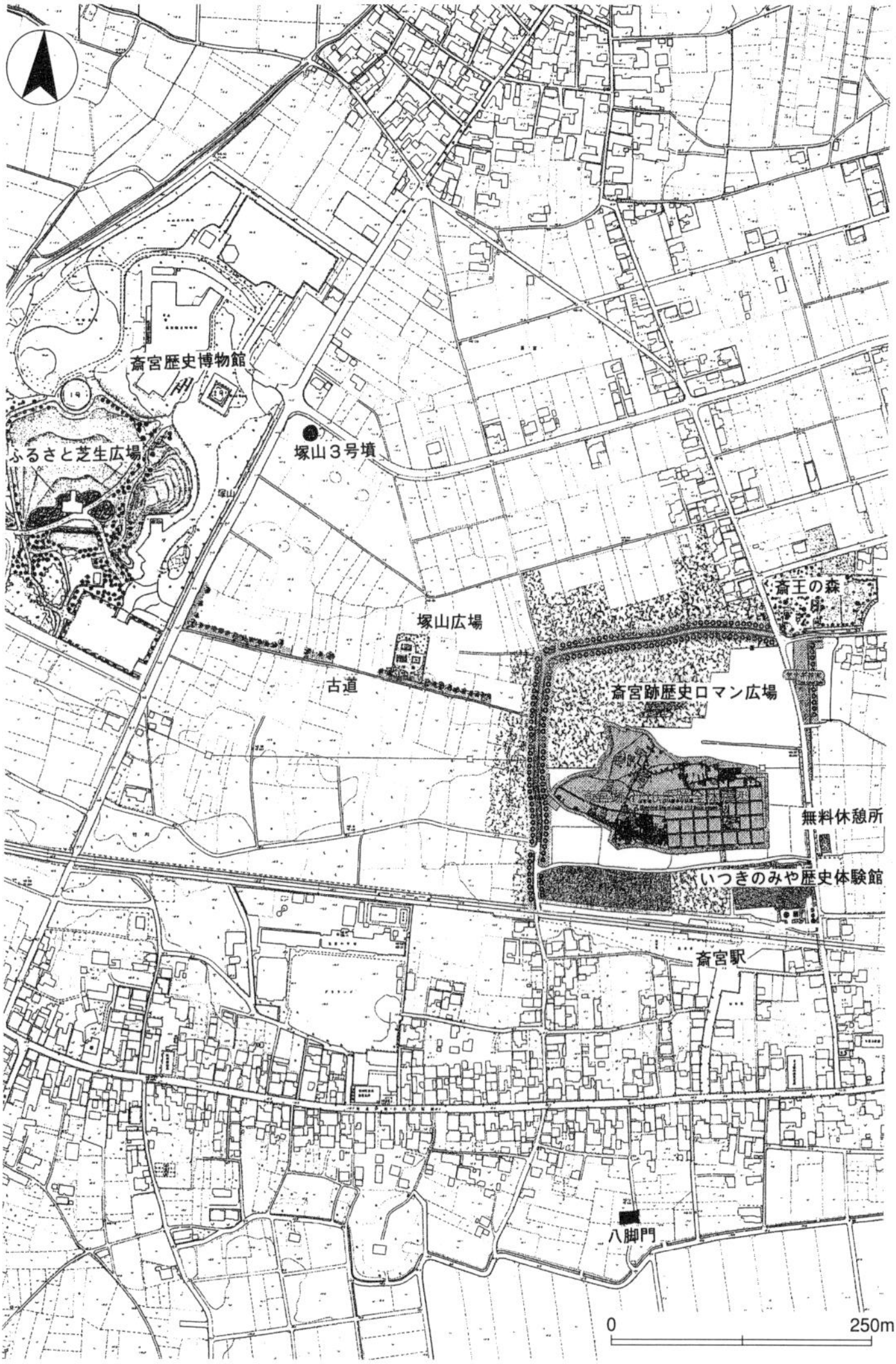

図58　整備を行った場所

表5　整備一覧

年度	場所	面積(㎡)	累計(㎡)	内容	参考資料
S57 (1982)	斎王の森周辺	4,800	4,800	建物・側溝・井戸枠表示、張芝	
58(1983)				整備計画策定	
59(1984)				整備計画策定	整備計画策定『史跡斎宮跡環境整備基本構想(試案)』
61(1986)	斎王の森周辺	2,614	7,414	側溝表示、張芝	
62(1987)	塚山地区古道沿	1,274	8,688	建物表示、植栽	
63(1988)	上園地区	★4,231	12,919	張り芝	
H1 (1989)	古里地区	18,000	35,540	博物館建設用地。周辺整備	
	上園地区	★4,621	17,540	張り芝	
2 (1990)	上園地区	★3,645	39,185	張り芝	
3 (1991)	上園地区	★1,160	40,345	張り芝、東屋	
4 (1992)	上園地区	★3,600	43,945	張り芝	
	古里南部地区			古里広場整備	
5 (1993)	篠林地区	★3,000	46,945	張り芝、側溝表示	『史跡斎宮跡－整備基本構想検討調査報告書』
	古里南部地区	40,900	87,845	張り芝。盛り土築山。東屋	
6 (1994)	篠林地区	★3,825	91,670	張り芝	
7 (1995)	塚山地区	735	92,405	塚山3号墳	『史跡斎宮跡「遺構の活用・演出的整備ゾーン」整備基本計画』
	木葉山地区	97	92,502	八脚門表示。張り芝	
8 (1996)	上園・篠林地区	★5,340	97,842	方格地割り外週道路復原。張り芝。および全域の水道工事	
9 (1997)	上園・宮の前地区	65,495 ★(上園・篠林芝生広場29,422㎡を含む)	133,915	体験学習施設実施設計・建築工事	
10(1998)	上園・宮の前地区			体験学習施設・屋外学習棟建築工事	
	上園・宮の前地区			斎宮跡保護活用推進計画	
11(1999)	上園・宮の前地区			体験学習施設・屋外学習棟建築工事および水道工事	
12(2000)	上園・宮の前地区			1／10史跡全体模実施計画・模型製作、基盤工事	
13(2001)	上園・宮の前地区			1／10史跡全体模製作、基盤工事、方格地割区画外周道路等整備。	『斎宮跡整備報告』
14(2002)	史跡内各所			史跡説明板5基・駅前案内板1基	
	合計		133,915		

図59　博物館

テーマ博物館を適正に組みあわせて配置するべきものとされ、このテーマ博物館として同年八月に斎宮歴史博物館建設が決定された。

建設予定地は国指定史跡内であり、これまでは全国的に見ても史跡内に新たに施設を建設することはなく、文化庁も認めていなかった。多賀城跡、朝倉氏館跡、大宰府跡においても博物館は史跡隣接地もしくは離れた場所で建設されていた。しかし、斎宮跡においては史跡外に博物館を建設することは史跡の有効な活用という意図に反するとして、文化庁との協議を重ねた。この結果、一九八七（昭和六十二）年九月、建築の最終案がまとまり、博物館にかかる史跡現状変更許可申請を文化庁へ提出し、同年十二月に許可を、翌年一月二十日に起工式を執り行った。

展示の基本的な考え方は、発掘調査成果からは見えにくい斎宮をいかに多くの人びとに親しみが

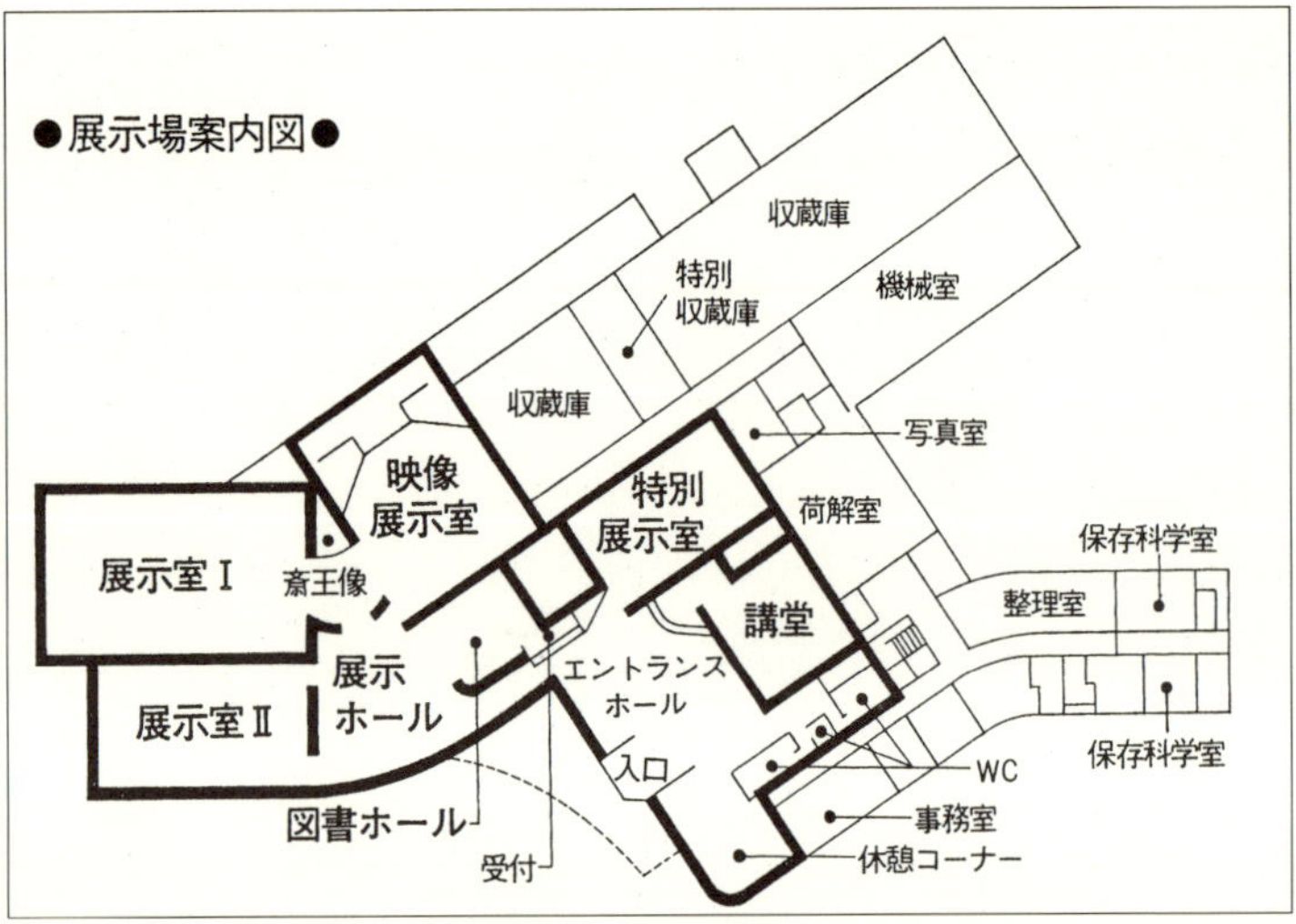

図 60　博物館平面図

もてるようにするか、また県民が斎宮跡とともに三重県の歴史を理解し、心の豊かさと創造性に富むひとづくりに役立つ生涯学習教育の場として活用できることを目指した。

建物は延べ床面積五〇七七・一六平方メートル、鉄筋コンクリート造の一部二階建である。地下遺構を保護するため「直接基礎工法」と「現場緊張ＰＣ造」という特殊な工法を採用している。

建物外壁には、赤ねずみ色の特殊なタイルが帯状に貼られ、平安時代の〝かさね〟を表現した外観である。

展示室は、展示ホール、映像展示室、第Ⅰ、Ⅱ展示室、特別展示室からなる。三重の代表的な考古遺物とシンボルの斎王像が並ぶ展示ホール、斎宮への導入となる音と光のイメージ映像による映像展示室、斎宮跡の発掘成果と文献研究による斎宮寮を紹介する展示室Ⅰ、斎宮の背景となった三

図61　博物館展示室Ⅰ

重の歴史を紹介する展示室Ⅱである。特別展示室では年に数回の企画展、特別展を開催する。

なかでも映像展示室は、見えない斎宮をいかにわかりやすく理解してもらうか、さらに次の展示室への導入部とするため、映像と舞台機構を組み合わせた斬新な手法を用いた。

開館五周年の一九九四（平成六）年度には映像展示室のソフトを新しく製作し、十周年の一九九九（平成十一）年度には、展示室Ⅱを開館以降の発掘調査や文献研究よって明らかになった斎宮の成果を取り入れ、大きく全体をリニューアルした。二〇〇二（平成十四）年度には、映像展示室のスライド器機の部品交換ができなくなったため、ハイビジョン方式による器機に変更して専用の映像ソフトを二本作製した。当初の映像は舞台装置と連動していたため使用できなかったが、平成五年度の映像については、現在も使用してい

図62　博物館展示室Ⅱ

る。平成元年の開館以来、これまでの入館者は九〇万人余（二〇〇四年三月末）に及んでいる。

博物館周辺の整備　建設にともなって館周辺および館より史跡中央部までの道路を整備した。館前の古墳「塚山二号墳」は復元して芝張りをし、アプローチ広場から県道までの通路は透水性舗装とした。史跡中央から古里地区への農道は奈良時代古道に重複しており、駅からの歩道の一部として復元的に整備をした。

博物館開館にあわせて道路整備も進め、博物館に進入する東西道路は、明和町によって建設されている。西半部は「歴史の道」と命名し、歩道には一二基の標柱を建て、斎宮に関する古代の和歌二四首を記している。

ふるさと広場整備　博物館南側の約四㌶は未整備のままであったため、一九九二（平成四）年から一九九三（平成五）年度の二

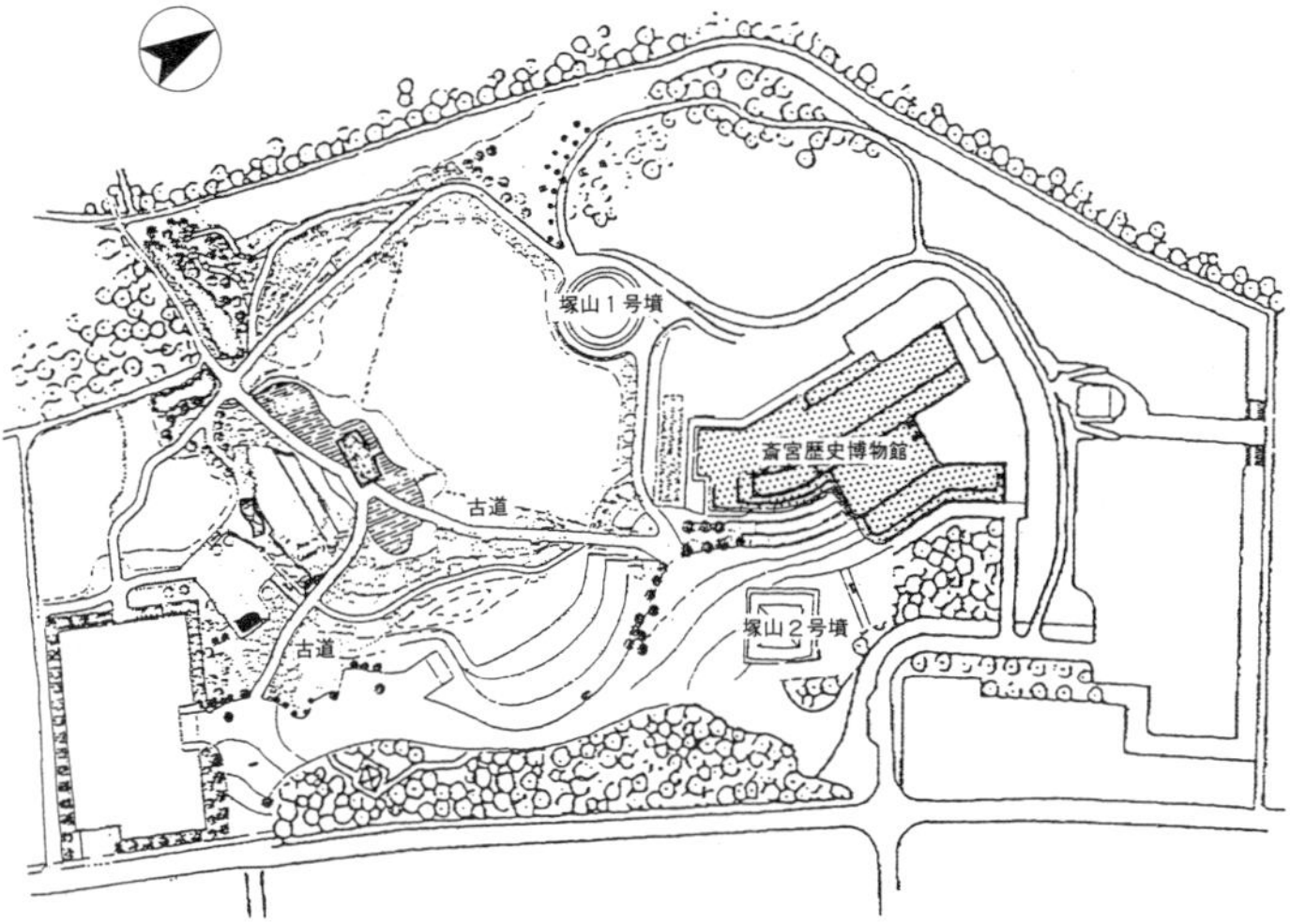

図63　博物館周辺の整備

カ年でイベント広場として整備した。

当該地区は、一九七〇年以降数次の発掘調査によって、奈良時代の大溝・道路・竪穴住居、古墳、室町時代の集落等が見つかっている。整備にはこの大溝、古道、古墳を修景整備し、他に便益施設としてあずま屋や便所等を設置することになった。

奈良時代の古道は幅四メートル、延長一四〇メートルを透水性舗装で表現し、側溝として石張の水路を敷設している。広場南側の高台には平面S字形のあずま屋を一棟建て、見学者に憩いの場を提供している。高台の北側の低地には調整池を兼ねた池を造成し、池上に約二〇〇平方メートルの野外ステージを設置しており、各種イベントに使用されている。館南西側の塚山一号墳は原型復元している。

この広場は、現在地元の実行委員会や明和町が毎年開催している「斎王まつり」などが行われる

図 64　博物館周辺（南から）

とともに、博物館見学の小・中学生や来館者の憩いの場として活用されている。

斎王の森地区史跡整備

斎王の森は、江戸時代の絵図にも記載されており、古くより旧斎宮村の所有地であったが、現在は伊勢神宮が管理しており、「斎王の森」として住民に親しまれてきた。

　この「斎王の森」の西側で、事前の発掘調査結果を基に一九八二（昭和五十七）年と一九八六（昭和六十一）年に整備を行った。

　整備では、検出した掘立柱建物四×二間の東西棟建物と三×二間の南北棟の二棟と、井戸および道路跡、側溝を復元表示している。掘立柱建物は柱穴部分に径三二センチ、高さ六〇センチの檜柱を立て、柱列と雨落を煉瓦列で表示し、内部に砂利を敷設した。井戸は檜板による井戸枠を高さ六〇センチに設置している。これらの遺構表示は検出した遺構よ

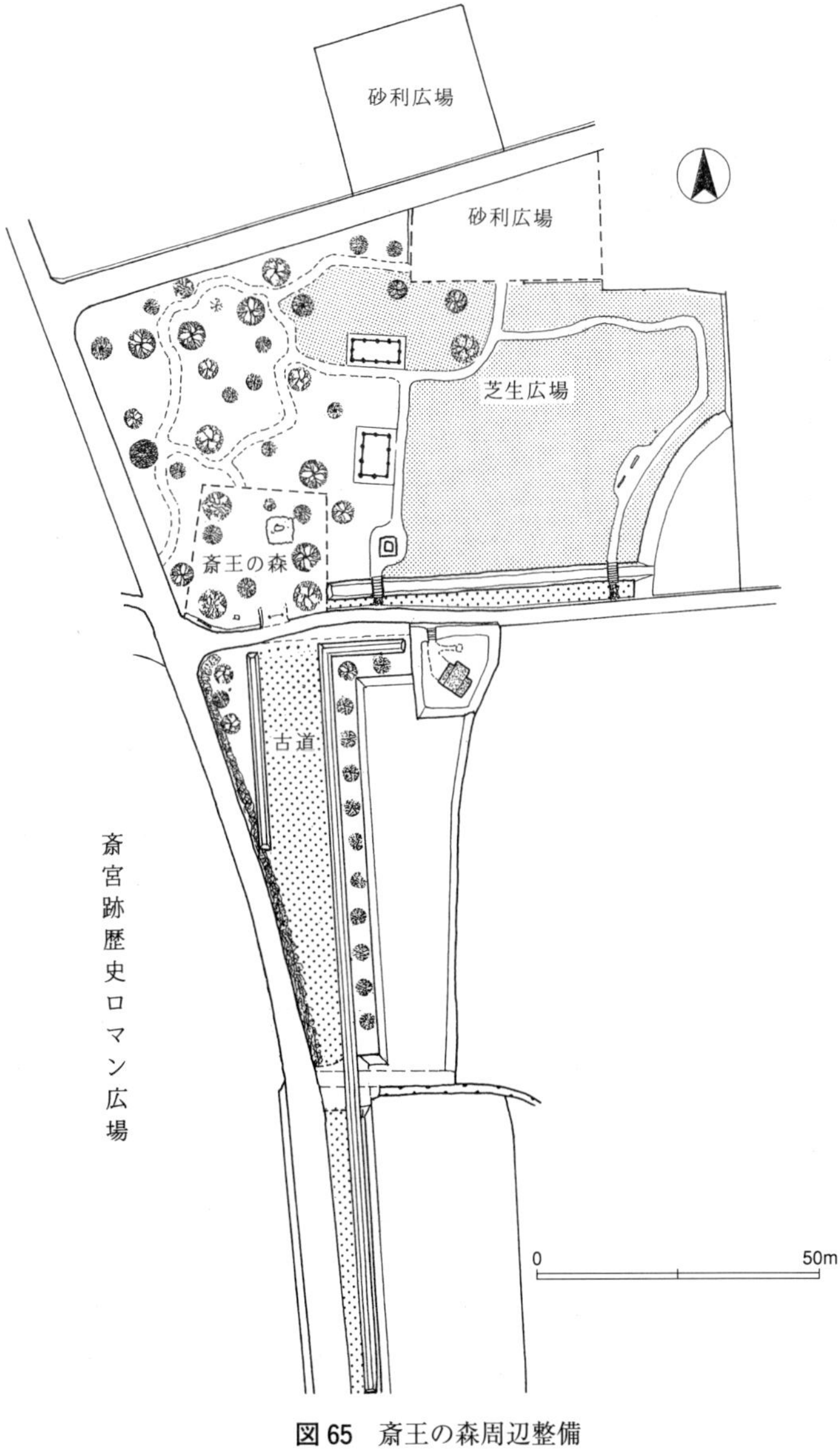

図 65　斎王の森周辺整備

図 66　斎王の森公園（南から）

り約三〇センチ上部である。遺構表示板は御影石で設置した。

一九八六年度には、一九八二年度の整備地区の東側で、道路跡や遊歩道、芝生広場を延長・拡張し、水田にはハナショウブを植栽している。

斎王の森地区は史跡見学者の憩いの森であり、一九八二（昭和五十七）年に始まった「斎王まつり」のメイン会場として当初は活用されていた。

斎王の森の南側では、南北道路を六メートル幅、東側の東西に走る道路は北側の側溝を表示し、道路内は砂利敷きと煉瓦列で表示していたが、新しい調査成果を基に二〇〇一（平成十三）年度の史跡全体模型制作にともなう外周工事で、南北道路幅は一二メートル、東西道路幅は六メートルと修正して再表示した。

塚山地区史跡整備

一九八七（昭和六十二）年度に斎宮駅から古里地区へ通じ

図 67　塚山公園（東から）

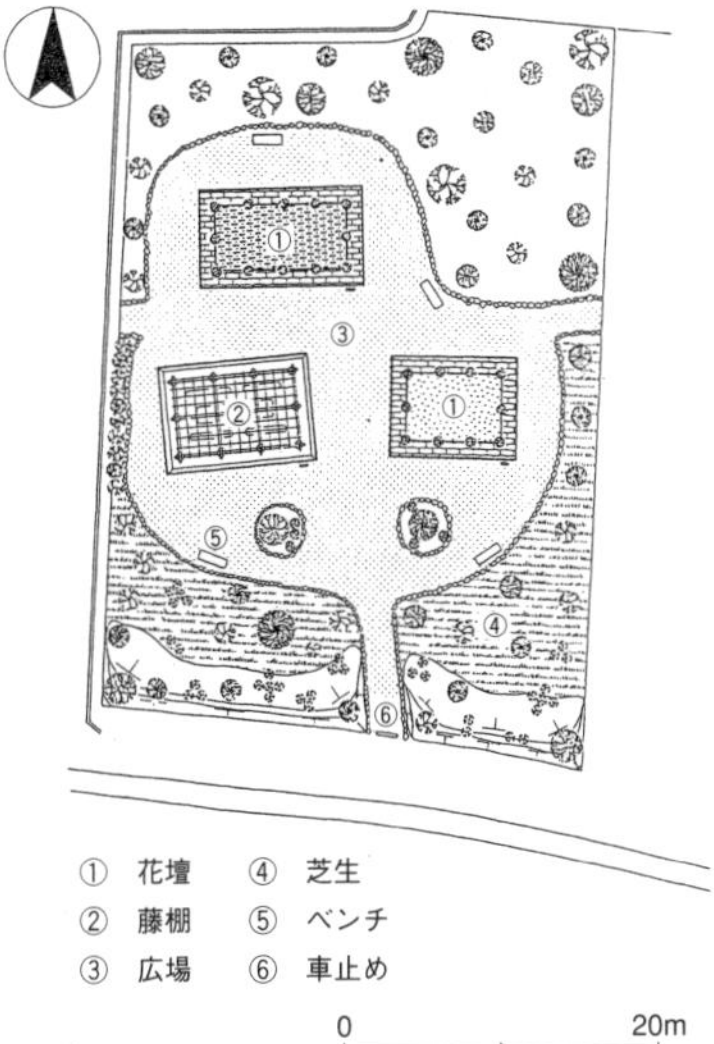

図 68　塚山地区周辺整備

る道路の北側、塚山地区で史跡整備を施工した。古里地区において博物館建設が予定されており、博物館と斎宮駅とを結ぶ遊歩道とその周辺の整備が優先課題となったからである。

　そうした経緯から完成した塚山広場は、一二七四平方メートルの畑地を整備し、平安時代の掘立柱建物三棟を藤棚、花壇で遺構表示している。藤棚は桁行三間、梁行二間の柱穴部分に径二五センチ、高さ

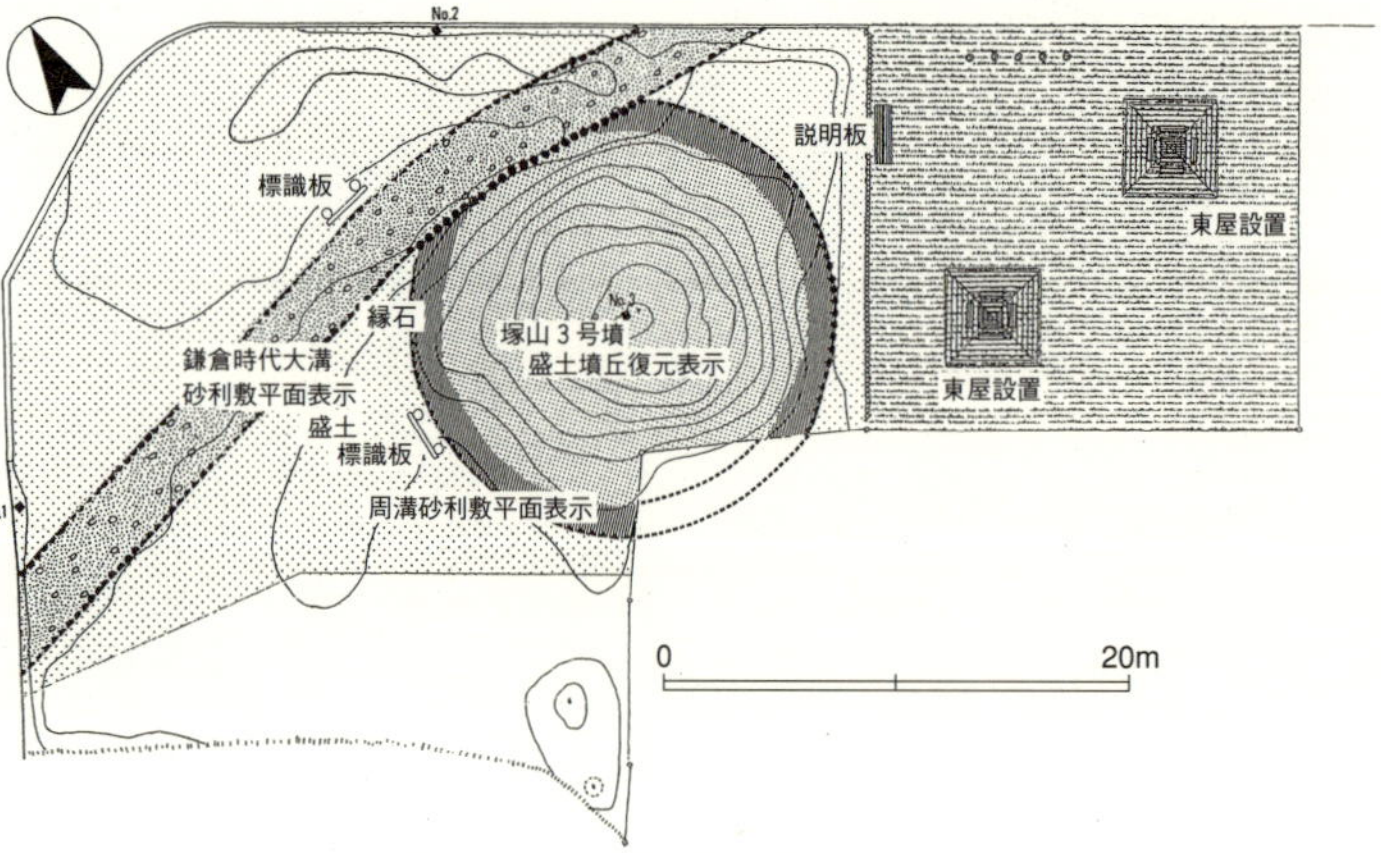

図 69　塚山三号墳の整備

二・五メートルの檜柱を立て、トガ材のルーバーを渡している。藤棚の下には擬木テーブル、ベンチを設置し、花壇は、柱穴跡にツゲを植栽して柱を表現した。表示した遺構は御影石による表示板を設置した。

　博物館への進入道路「歴史の道」の西端部近くにある公有化された畑地約三〇〇平方メートルは、一九九〇（平成二）年度に明和町が散策者の憩いの場として「芝生広場」を整備した。

　このほか、一九九五（平成七）年度に博物館前の交差点南東角の山林の調査で明らかとなった塚山三号墳を整備し、鎌倉時代大溝の遺構表示をした。古墳はモルタル吹き付けで形状保存をし、周溝は砂利敷き、外周には河原石をめぐらし、大溝も同様に砂利敷き、溝肩は河原石でラインを表示している。遺構には擬木による標識板を設置し、隣接する芝生広場には塚山古墳群の案内板とあず

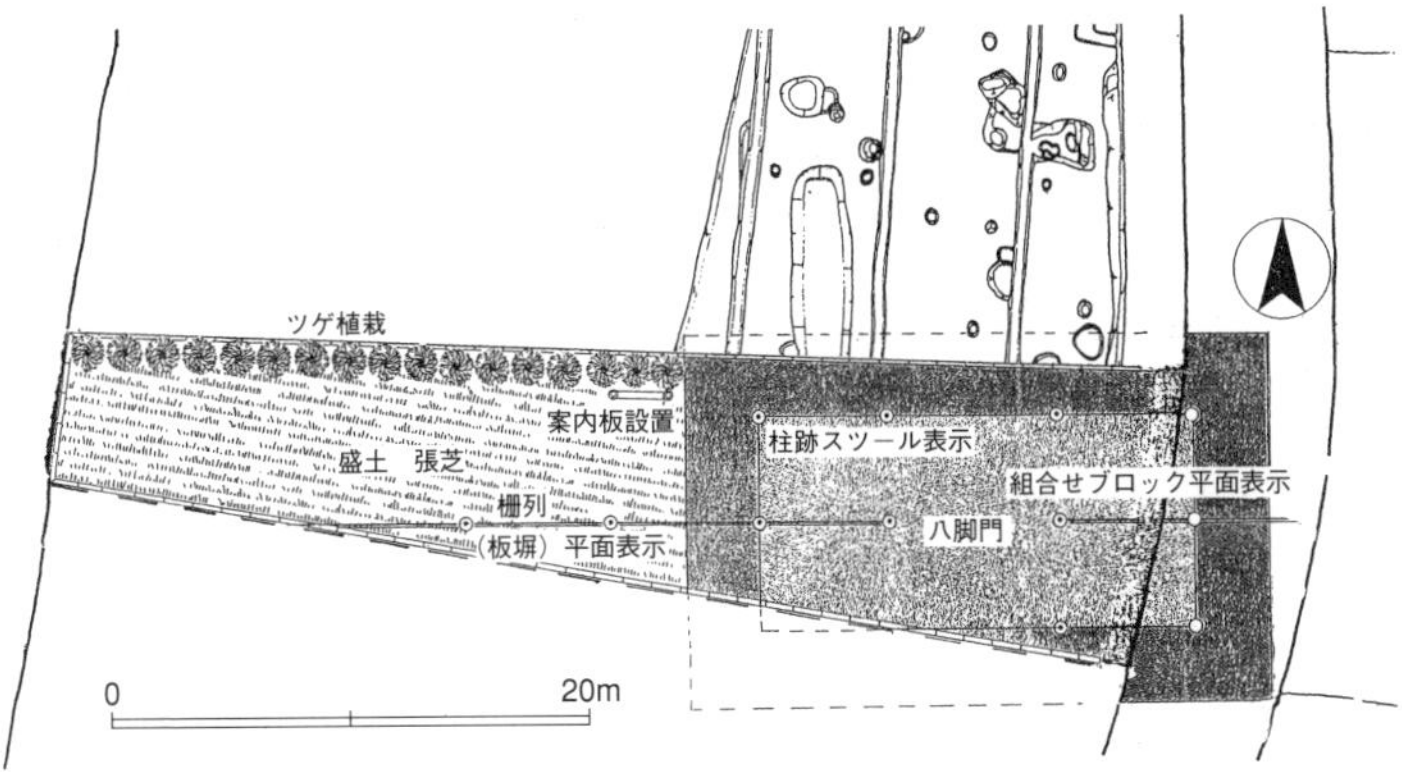

図70　八脚門の整備

ま屋二棟を設置した。

木葉山地区史跡整備　史跡の西南部の木葉山地区では、一九九二（平成四）年度に個人住宅建設にともなう発掘調査によって八脚門が発見された。これまで東西五列、南北四列と考えてきた奈良時代後期に成立した方格地割より、さらに西側での発見であった。このことから方格地割がさらに西側に二列拡がり、八脚門は西南隅区画の中軸上に建てられた南門であることを確認し、そこで、この八脚門を含む土地九七平方メートルを一九九三年度に公有化し、保存することになった。

一九九五年度には、八脚門と門に取り付く板塀を遺構表示した。柱跡は直径三〇センチ、高さ四〇センチの檜丸太を立て、門の規模をブロックで、板塀は擬木縁石で表示している。門脇に概説と推定復元図による説明板を立て、民家との境界にはツゲを

図71　整備された八脚門（東南から）

植栽している。さらに、二〇〇二年度には八脚門南側の畑地を公有化した。

上園、篠林地区整備

方格地割の西北隅にあたる上園地区は、東側から水田が入り込む畑地である。一九八八（昭和六十三）年度から一九九二（平成四）年度までの五ヶ年にわたり約一万六三〇〇平方メートルについて整備し、多目的広場として活用できるよう遺構表示や高木の植栽はせずに芝生広場としている。遺構保存のため全体に盛土をした後、全面を芝張り、西側道路沿いは土塁状にして植栽、水田をのぞむ場所にあずま屋や擬木ベンチを設置した。

上園地区に引きつづき、北側の道路に接した篠林地区を一九九三・九四年度に整備した。方格地割西北隅にあたり、外周道路を発掘調査成果を基に整備し、平安時代後期から鎌倉時代の南北に走る道路とその側溝を表示した。道路、側溝を砂利敷きで表示し、他の部分は芝張りと砂利広場とし、遺構表示や芝張りとの境界には縁石を設置した。芝張り部分五六八〇平方《メートル》で、隣接する上園地区での芝生広場、砂利広場九八〇平方《メートル》、後年整備する歴史ロマン再生事業と一体となる活用が期待された。

斎宮跡歴史ロマン再生事業　一九九六〜二〇〇一年度に実施した文化庁の地方拠点史跡等総合整備事業によって行われたものである。この事業は通称「歴史ロマン再生事業」と称されるもので、地域の歴史的・文化的なシンボルとなっている史跡等について、その地域の歴史や文化にふれあうことのできる場として積極的に活用するため、遺跡等の復元にとどまらず、ガイダンス施設等の情報・学習提供機能を総合的に整備する事業である。

事業実施に先立ち、指定当時から議論され、試案等で検討されてきた整備構想を受けて、今後の斎宮跡の保護・活用計画を策定することから開始した。

一九九三（平成五）年度には、調査成果をはじめ、土地利用状況、地形・水系、道路・交通体系、周辺文化財等の各種調査・分析を行い、一九九六（平成八）年に『史跡斎宮跡整備基本構想』を三重県および明和町教育委員会で策定した。この整備基本構想にもとづき、公有地化・暫定整備が進み、史跡のほぼ中央に位置している方格地割北西隅部にあたる近鉄斎宮駅北側の約六・五《ヘクタール》の地区において「遺構の活用・演出的整備ゾーン」として、方格地割の道路・側溝および並木の復元整備、一〇分の一斎宮跡史跡全体模型、体験学習施設の整備を計画し、一九九六年度から六カ年をかけ、二〇〇一（平成十三）年度に完成した。「斎宮跡歴史ロマン広場」である。

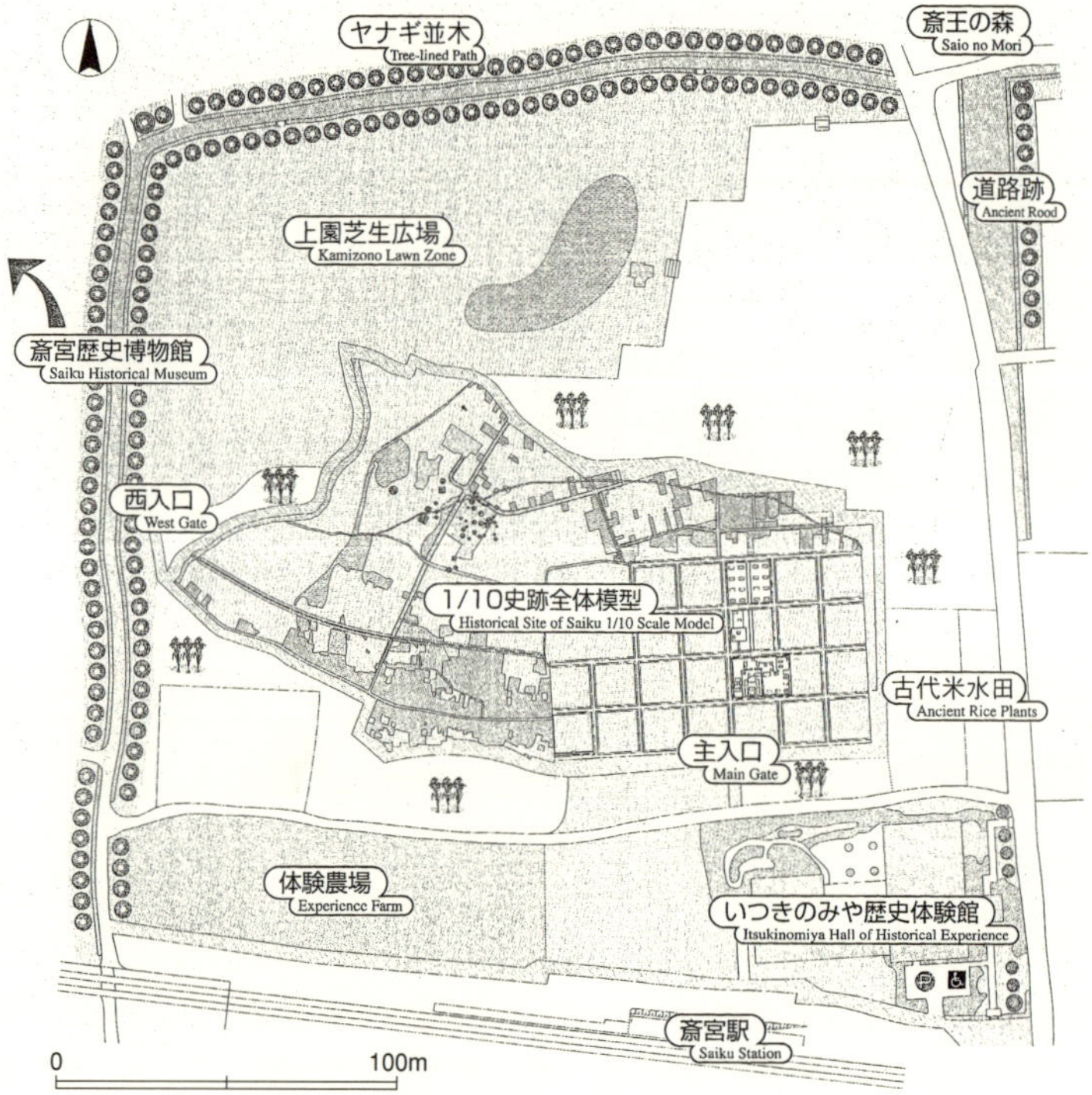

図 72　斎宮跡歴史ロマン広場全体平面図

いつきのみや歴史体験館

斎宮歴史博物館では、発掘調査や文献調査の成果をもとにさまざまな展示を行っている。また、斎宮や平安時代に関する博物館教室や十二単衣の試着なども開催し、斎宮が広く人びとに親しまれるよう各種活動を行ってきた。しかしながら、さらなる史跡の活用には参加型の体験学習が求められるようになり、博物館内ですべてを実施するには無理が生じ、他の体験施設の建設が必要となってきた。

そうした経緯から斎宮跡歴史ロマン広場内に建てられた体験学習施設は、斎宮の中心である平安時

図73　いつきのみや歴史体験館（北西から）

代にふさわしい建物とした。外観的に寝殿造りの様式をイメージした入り母屋造りの「ガイダンス棟」及びガイダンス棟に取り付く「中門廊」、古代の役所の建物をイメージした切り妻造りの「体験学習棟」、中庭を隔てた場所に建てた「野外学習棟」から構成される。体験館の総建築面積は、一三〇〇平方メートル、総床面積九七七平方メートル、建築に用いた材木の総量は約八四〇立法メートルで、総建築費は約五億三千万円である。

これらの施設は、公募により「いつきのみや歴史体験館」（以下、体験館と称す）と命名され、斎宮跡保存協会が三重県、明和町から委託を受けて運営、管理を行っている。

入り母屋造りのガイダンス棟は、三×一二間の建物二棟の長辺同士を接続したものを身舎に、その四周に一間庇を付け、さらに南面に孫庇一間を付け加えた構造である。

ここでは、斎王の輿である葱華輦《そうかれん》の試乗や双六、貝合わせ、碁といった貴族の遊び道具、十二単衣の試着など、平安時代の体験ができる。また、発掘調査の最新情報も提供している。回廊からは斎宮跡一〇分の一全体模型を見渡すことができる。また、ガイダンス棟に面する庭は蹴鞠など、平安時代の庭園での遊びが追体験できる空間となっている。

切り妻造りの体験学習棟は東西一五間、南北四間で梁間二間の身舎に南北に各一間幅の庇が付く構成である。主として小・中学生を対象に行う体験学習メニュー用の体験室二室と準備室からなる。歴史体験は、「年中行事につづる平安文化」「古代の技術・文化」「史跡斎宮跡の発掘調査」「伊勢地方の伝統文化」の四つの分野で、重陽の節句（三月）などの季節に合わせた年中行事体験、草木染めや機織り（絹）などの技術文化体験、考古学体験、糸づくりや機織り（麻）などの種々のメニューが用意されている。また、特別企画として、寝殿造りの体験学習棟で平安装束を着装して当時の婚礼をし、平安貴族のハレの食事を味合うことができる「体験・平安婚礼」を行っているほか、赤米・黒米の古代米の田植えと稲刈りを体験し、古代米の食事会を行う「古代米づくり」など新しい体験事業も取り入れている。

野外学習棟は、梁間二間、桁行八間、切り妻造りの東西棟の建物である。石敷土間で中央に作業場、両側に土器乾燥室・倉庫、染色作業用の釜場からなる。

また、体験館の一角には、斎宮跡方格地割の溝および並木を復元整備するとともに、体験館の北側に設置した十分の一斎宮跡史跡全体模型を眺望できる築山をはじめ、中庭には、凝灰岩の切石を敷き詰めた野外学習場と蹴鞠が楽しめるよう鞠場を設けている。

一九九九（平成十一）年十一月十日に開館した「いつきのみや歴史体験館」へは開館以来、これまで約一三万五三一一人（二〇〇四年三月末）の利用者があった。

一〇分の一史跡全体模型

史跡斎宮跡の範囲は、東西二《キロ》、南北七〇〇《メートル》の約一三七《ヘクタール》に及び、平地での史跡としては全国でも最大級である。訪れる人たちはその広さゆえに、史跡の構成を把握できないことも課題となっており、全体像が把握できるように、広大な史跡全体の一〇分の一模型を現地に作製することになった。部分的に一〇分の一で遺構を表示することはあっても、史跡全体、東西二〇〇〇《メートル》、南北七〇〇《メートル》もの巨大な模型はほかに類を見ない初めての試みであった。

史跡東部に存在した斎宮寮は、リニューアルで展示構成を替える前までの斎宮歴史博物館開館時に、三〇〇分の一の復元模型を製作し展示したこともあったが、それは史跡中央部から東部に存在した奈良時代後半以降につくられた南北四列、東西五列の方格地割である。しかしその後の発掘調査により西側にさらに二列が拡張されていたことも判明してきた。史跡全体の模型は、この新たな知見を取り入れ、約一三七《ヘクタール》にわたる野外展示であり、平坦な地形に立地している斎宮跡の広がりを模型でガリバー的に体験しようとする体験型学習施設である。

この模型の整備計画は、文化庁や斎宮跡調査研究指導委員会の議論・指導を経て行われたものである。当初はこれまでの調査成果を模型で平面表示するなどの検討も行われたが、見学者に斎宮跡が確立された奈良時代後期を復元整備して提示してみせることが最も重要であり、斎宮歴史博物館

図 74　10 分の 1 復元模型

に展示している斎宮跡の推定復元模型や今後検討している立体復元整備との構想とも整合性がとれるということで決定した。

全体模型には、史跡東部の方格地割を表示するとともに、現況の土地形態もあわせて表示することになった。現況の土地形態は林、畑地、建物、道路などがあり、林は低木の植栽、畑地などの農地は芝張り、建物はアスファルト舗装、道路などは土に樹脂を混ぜて使う土質舗装で表示した。このうち、学校、駅などの公共施設は名称板を模型のなかに設置し、博物館は同一平面形態のパーゴラとして、史跡のなかの位置関係がわかるように表示した。

方格地割は、一〇分の一現況地形模型の上に区画を壇状につくり、区画間道路を園路として表示した。区画間道路は検出した遺構にもとづき、道路幅約一・四メートルとした。この幅は、歩行者が通路

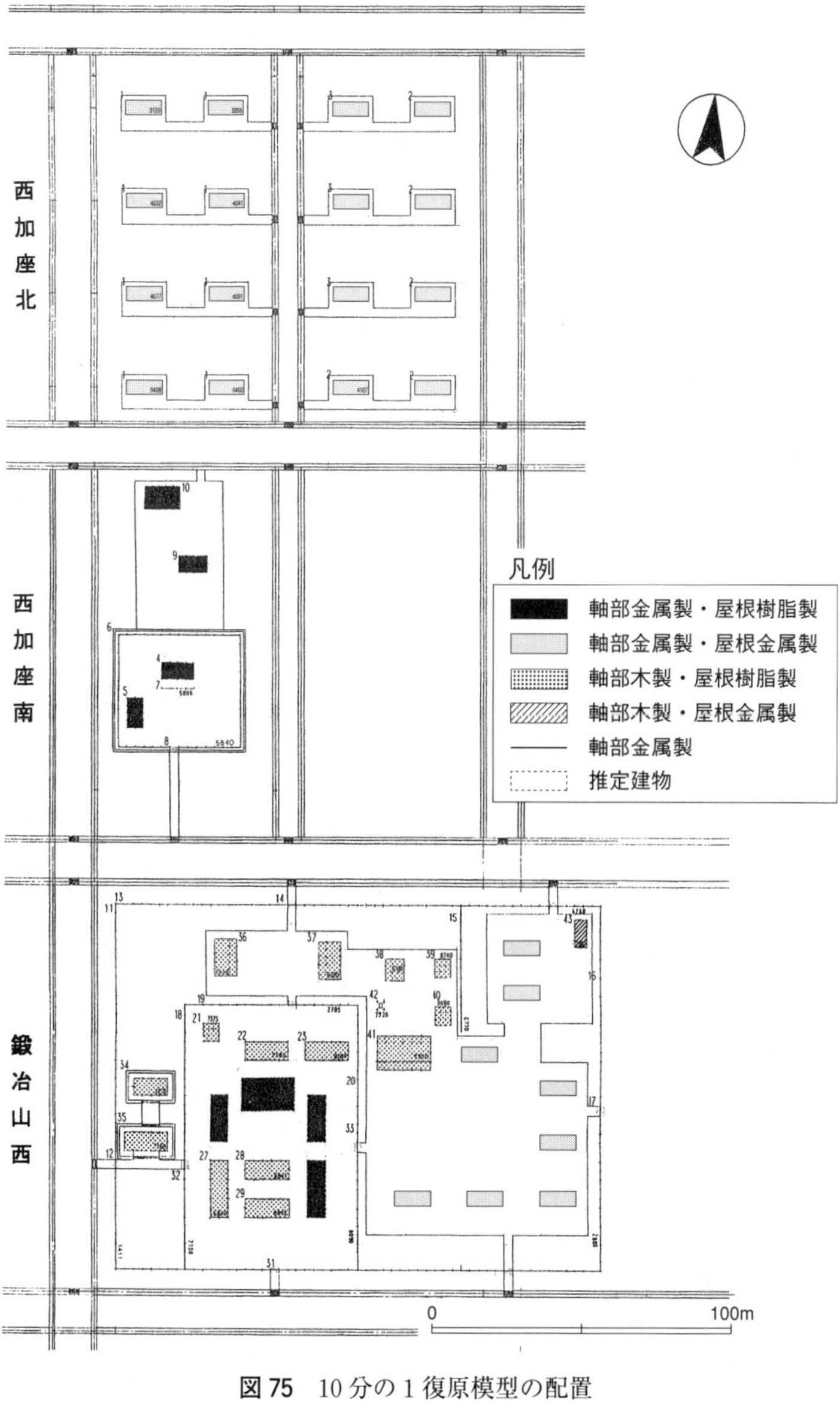

図 75　10 分の 1 復原模型の配置

として活用するのには十分であったが、車いすなどの対面利用については対応できない等課題は残っている。

区画内表示は、園路から見る歩行者の視線を考えて区画内を壇上にかさ上げし、建物模型を設置するのが有効的と判断し、壇の高さについては検討の結果、〇・六《メートル》とした。これまで方格地割の遺構配置や機能が確認された「内院」・「神殿」・「寮庫」の各区画と八脚門が確認された区画の一部において、一〇分の一野外建物模型を配置することとなった。調査が行われているが、区画の性格が確定できない区画は芝張りとして、今後の調査に期待をかけ、区画内の位置づけが明確になった時点で一〇分の一建物模型を追加整備することとした。

一〇分の一復元建物は四七棟あるほか、建物を囲む掘立柱塀も設置した。屋根以外の建物部材は、検出した建物、内院、役所など建物の性格によって木・金属で製作した。屋根は金属と樹脂で檜皮葺・柿葺・板葺に仕上げを変えたが、樹脂はそれぞれ一〇分の一に縮尺した檜皮葺・茅葺きの原型模型を製作して型取りを行った。

実際の建物模型を制作する前に、さまざまな試作品を製作した。まず、建物の軸部、壁、屋根について金属、樹脂、檜皮、茅等で製作して、野外で二カ年かけて暴露試験を行い、その結果をもとに最善の方法を採用した。また、この結果にもとづき屋根を樹脂製で、その他を金属製の試作品を作製して、屋根や蔀戸の各部を左右で表現や色を替えて作製した。試作品は斎宮跡調査研究指導委員会の討議を経て、表現は実寸よりも誇張することとなった。内院地区の建物は壁材などは木を主体として、屋根は樹脂製が大半である。これら設置した建物は、調査で確認された建物は彩色し、推定される建物は灰色表示として区別した。

このほか、一〇分の一史跡全体模型制作にともない、建物だけの展示だけではなく、一〇分の一の人形を建物模型の周辺に置いてスケール感を実感できるよう、人形の制作を同時に行うことになった。人形は、女官、役人、童子、門番などで、着衣等も建物模型の時代設定に合うように検討を加えた。この結果により、一〇分の一建物模型の周辺に取り外しの可能な作品を完成させた。

さらに制作した人形を基に、地元陶芸業者に簡略化した焼き物制作を依頼して、体験館の体験事業のひとつとして人形の彩色を行っている。

区画外周整備　斎宮跡一〇分の一模型の設置した四ヘクタルに及ぶ地域は、すでに上園芝生広場として平成元年度以降に整備してきていた。当該地区は方格地割の北西隅部分の四区画分にあたるが、調査の結果、区画は細分されていなかったことが明らかとなっている。北側と西側の外周道路側溝は、他の区画と異なって蛇行しており、現在の字界となる農道に踏襲されている。

これまでに整備した広場や一〇分の一模型を一体として整備するため、外周道路整備も完成させた。検出した道路、区画溝を遺構保護のため覆土して道路幅三メートル、側溝幅二・一メートル、道路面は透水アスファルトで溝は菰野石で仕上げている。道路から内側の芝生広場への通路として三カ所に木橋を架けた。

平安時代の文献『延喜式』には「凡溝隍四辺列殖松柳」とあり、この記載に倣って道路両側にはマツ、ヤナギを列植している。

このほか、一〇分の一史跡全体模型周辺の旧水田は、体験事業の古代米の栽培水田として活用している。町内には天然記念物に指定されているノハナショウブが自生しており、株分けしたものを

図 76　水池土器制作遺跡

斎王の森周辺で植栽した。将来的には模型の周囲全面にシンボル的にノハナショウブを咲かすため、株分けを増やしている。

その他整備事業　斎宮跡歴史ロマン再生事業にともなって、明和町が単独で体験館の東側と明和町観光協会（旧三重県斎宮跡調査事務所）の前に駐車場を整備し、あわせて散策路も整備している。また、二〇〇三（平成十五）年四月には体験館前に無料休憩所を建設した。これは切り妻式の平屋建て建物で、外観はすでに建てられた体験館のイメージを壊さないように配慮している。無料休憩所では、雨天時の昼食場所にも活用できるようにテーブルや椅子が用意されているほか、来訪者に史跡斎宮のガイドを行う地元ボランティア語り部の本部として活用されている。

このほか、斎宮と密接な関係にある土師器製作遺跡が周辺で確認されているが、これについても

図77　斎王まつり

明和町が整備を行っている。一九七七（昭和五十二）年七月に国史跡に指定された水池遺跡は、一九八三（昭和五十八）～一九八五（昭和六十）年にかけて史跡整備が行われた。史跡整備は、発掘調査で確認された土師器焼成一六基、掘立柱建物四棟、竪穴住居三棟、粘土溜二カ所、溝などを表示している。また、平成十六年一月に県指定史跡となった坂本古墳群も斎宮に深いかかわりがあると考えられ、保存状況が良好なことから今後なんらかの整備が行われることと思われる。

遺跡を活用したまつり　史跡斎宮跡は、地元明和町のまちづくりの要となっており、一九八二（昭和五十七）年に地元婦人会が中心となって始められた「斎王まつり」は、子供斎王などを経て、今は斎王をはじめとする参加者を全国公募し、群行も衣装も本格的になってきた。六月の第一土・日曜日に行われるこのイベントは、三重県の大きなイベントとして定着してきている。当初数年の参加者数が数千人であったのに対し、現在は五万人程にもなる参加者数を見ても明らかである。斎宮歴史博物館と同様に体験館も主会場として活用され、斎宮跡探訪者のみならず、地域のコミュニティの場としても活用されている。

今後は、史跡整備基本計画にあるような、平安時代の斎宮の整備、飛鳥・奈良時代の解明およびその整備が進み、史跡を活かした町づくりが進むことを期待したい。

斎宮歴史博物館・いつきのみや歴史体験館

◆開館時間：午前 9 時 30 分～午後 5 時（ただし入館は午後 4 時 30 分まで）
◆休 館 日：月曜日（祝・休日である場合を除く）
祝・休日の翌日（土・日曜である場合を除く）12 月 29 日～31 日
◆交通案内：近鉄斎宮駅より博物館は徒歩約 15 分、体験館はすぐ。伊勢自動車道玉城 IC より車で約 20 分。松阪・伊勢市内より車で約 20 分。
◆駐 車 場：無料　乗用車 200 台（博物館）、30 台（体験館）
◆観 覧 料：《斎宮歴史博物館》一般 330 円／高大学生 220 円／小中学生無料。団体（20 名以上）割引有り。観覧料免除規定として、身心に障害をお持ちの方とその介助者（1 名）、児童福祉施設に在籍されている方とその介助者（1 名）、年齢が満 65 歳以上の方。なお、毎月第 3 日曜は家庭の日により観覧料無料。また、特別展は別途観覧料が必要。
《いつきのみや歴史体験館》入館無料。なお、装束の試着体験のみ有料・予約制で、貴族の生活体験や古代の遊び体験などができる。

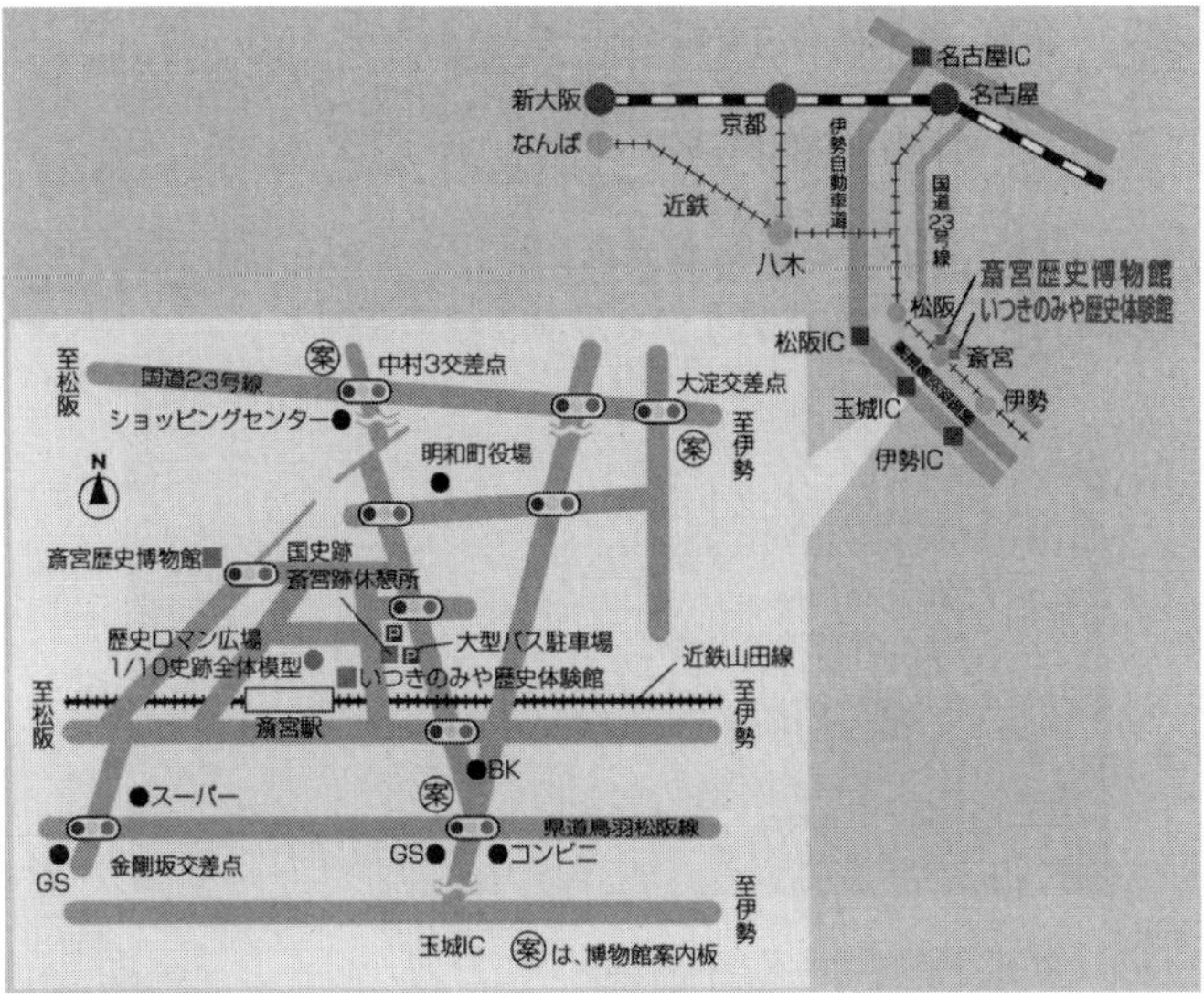

●斎宮歴史博物館
〒515-0325
三重県多気郡明和町竹川 503
TEL0596-52-3800　FAX0596-52-3724
URL : http://www.pref.mie.jp/saiku/hp/
E-mail : saiku@pref.mie.jp

●いつきのみや歴史体験館
〒515-0325
三重県多気郡明和町斎宮 3046-25
TEL0596-52-3890　FAX0596-52-7089
URL : http://www2.mint.or.jp/~itukino
E-mail : itukino@mint.or.jp

参考文献

斎宮跡で実施された発掘調査の成果は各年度の調査概要に記載されているので、ここでは参考文献としてとくに記載しない。

また、斎宮の研究論文などの文献については、斎宮歴史博物館のＨＰに詳細が掲載されており、ＨＰの収納先を記載するので参照していただきたい。なお、主要な文献と、本書の参考とした文献でＨＰに記載されていないもののみ以下に掲載する。

斎宮歴史博物館　一九九九「巡回展図録」『幻の宮　伊勢斎宮』
斎宮歴史博物館　二〇〇〇『斎宮跡調査報告―内院地区の調査―』
斎宮歴史博物館　二〇〇〇『斎宮跡整備報告』
斎宮歴史博物館　二〇〇〇　国史跡斎宮跡発掘三〇周年記念特別展『器は語る七〇〇年』
杉谷政樹　一九九七「古代官道と斎宮」『研究紀要』六　三重県埋蔵文化財センター
独立行政法人　文化財研究所　奈良文化財研究所　二〇〇三『古代の官衙遺跡　Ⅰ　遺構編』
独立行政法人　文化財研究所　奈良文化財研究所　二〇〇四『古代の官衙遺跡　Ⅱ　遺物・遺構編』
明和町史編さん委員会　二〇〇四『明和町史　資料編第一巻　自然・考古編』明和町
明和町史編さん委員会　二〇〇五『明和町史　斎宮編』明和町

◎斎宮関連参考文献の記載先

斎宮歴史博物館のＨＰアドレス

http://www.pref.mie.jp/saiku/hp/

ホーム→斎宮事典→斎宮関係文献一覧

あとがき

昭和四十五年に斎宮跡の調査に従事したのは山澤義貴・谷本鋭次両氏で、両氏はこの後、斎宮跡調査事務所・斎宮歴史博物館へと、今日の斎宮跡の調査・研究の礎を築かれている。私が斎宮跡の調査にあたったのは一〇年ほどで、解明できた事柄はわずかであるが、両人に指導を受けたことに対して、またこれだけ面白い遺跡の調査にあたらせてもらったことに対して、本書をもって謝意を表したい。

また、全国的に知られていない斎宮について、本書が入門書となればさいわいである。

なお、資料の提供について図13・14・76は明和町、そのほかの資料等は斎宮歴史博物館から提供を受けました。記して感謝申し上げます。

菊池徹夫
坂井秀弥　企画・監修「日本の遺跡」

9　伊勢斎宮跡《いせさいぐうあと》

■著者略歴■

泉　雄二（いずみ・ゆうじ）

1955年、鳥取県生まれ
奈良大学文学部史学科考古学専攻卒業
現在、三重県埋蔵文化財センター主幹
主要著書等
　『斎宮跡発掘資料選』（共著）斎宮歴史博物館、1989年
　『伊賀国府跡（4次）発掘調査報告』三重県埋蔵文化財センター、1992年
　『斎宮跡調査報告Ⅰ』（共著）斎宮歴史博物館、2000年

2006年4月10日発行

著　者　泉《いずみ》　雄《ゆう》二《じ》
発行者　山脇　洋亮
印刷者　亜細亜印刷㈱

発行所　東京都千代田区飯田橋 4-4-8　東京中央ビル内　（株）同成社
TEL 03-3239-1467　振替 00140-0-20618

ISBN4-88621-350-2 C3321

シリーズ　日本の遺跡

菊池徹夫・坂井秀弥　企画・監修

四六判・定価各一八九〇円

【既刊】

①西都原古墳群　南九州屈指の大古墳群　北郷泰道

②吉野ヶ里遺跡　復元された弥生大集落　七田忠昭

③虎塚古墳　関東の彩色壁画古墳　鴨志田篤二

④六郷山と田染荘遺跡　九州国東の寺院と荘園遺跡　櫻井成昭

⑤瀬戸窯跡群　歴史を刻む日本の代表的窯跡群　藤澤良祐

⑥宇治遺跡群　藤原氏が残した平安王朝遺跡　杉本　宏

⑦今城塚と三島古墳群　摂津・淀川北岸の真の継体陵　森田克行

⑧加茂遺跡　大型建物をもつ畿内の弥生大集落　岡野慶隆

⑨伊勢斎宮跡　今に蘇る斎王の宮殿　泉　雄二

【続刊】

⑩白河郡衙遺跡群　古代東国行政の一大中心地　鈴木　功

⑪山陽道駅家跡　西日本を支えた古代の道と駅　岸本道昭

⑫秋田城跡　大和朝廷の最北の守り　伊藤武士